MARTINE PILLETTE

For more information on *Formule X* Books 2 and 3, please see the Teacher's Book for *Formule X* Book 1.

table des matières

Your guide to Formule X

Welcome to *Formule X*!

This two-page guide will help you find your way round *Formule X*.

Student's Book

There are fourteen Units in *Formule X*.

Units 1–14 all contain:

- 3 mini-topics for new language → see p 6;
- **eXpo** for reinforcement → see p 12;

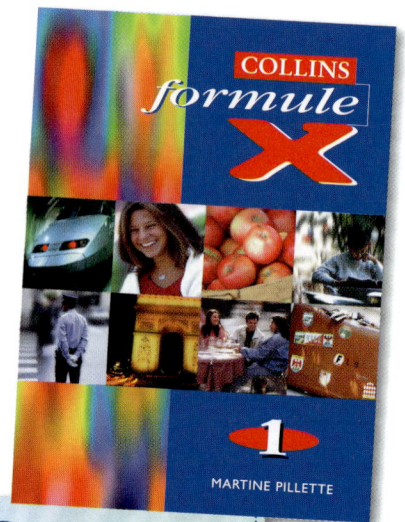

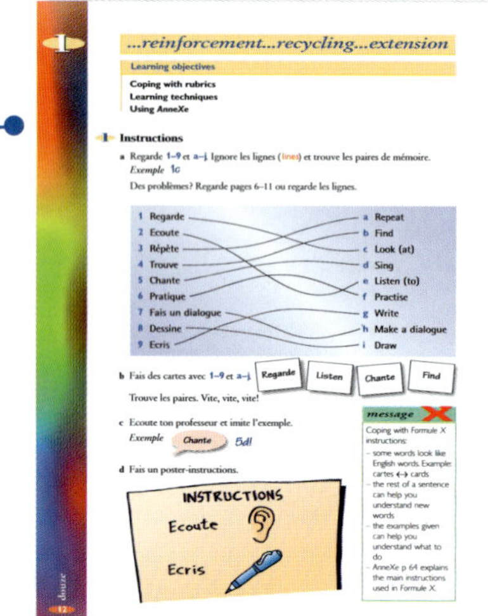

1 ...reinforcement...recycling...extension

Learning objectives

Coping with rubrics
Learning techniques
Using AnneXe

1 Instructions

a Regarde 1–9 et a–j. Ignore les lignes (lines) et trouve les paires de mémoire.
Exemple 1c
Des problèmes? Regarde pages 6–11 ou regarde les lignes.

1 Regarde	a Repeat
2 Ecoute	b Find
3 Répète	c Look (at)
4 Trouve	d Sing
5 Chante	e Listen (to)
6 Pratique	f Practise
7 Fais un dialogue	g Write
8 Dessine	h Make a dialogue
9 Ecris	i Draw

b Fais des cartes avec 1–9 et a–j. Trouve les paires. Vite, vite, vite!

c Ecoute ton professeur et imite l'exemple.
Exemple Chante 5d!

d Fais un poster-instructions.

message X
Coping with Formule X instructions:
- some words look like English words. Example: cartes ↔ cards
- the rest of a sentence can help you understand new words
- the examples given can help you understand what to do
- AnneXe p 64 explains the main instructions used in Formule X.

douze 12

Info

In fairly small public places (shops or banks, for example), it's polite to say *bonjour* as you enter and *au revoir* as you leave, even if you don't know anybody there.

When they meet friends and relatives, French people normally kiss each other on the cheek or shake hands, even if they're in a hurry and are just saying a quick 'hello!' in the street. Kissing can be a complicated business: some people kiss twice, some kiss three times and others kiss four times! And working out which cheek to start with can cause some funny scenes...

quatorze 14

- **teXto** for reading for fun → see p 14.

Relax!, on pp 146–159, is full of games, puzzles and more to complement Units 1–14.

In each Unit you will also find:

Handy tips on how to work and learn better → see p 9;

Learn more about spelling and using new words to form sentences → see p 22;

Challenge X Show how good your French is! → see p 23.

You will also work with your teacher on ***eXpress*** activities for help with revision, pronunciation and many other skills.

AnneXe

AnneXe is your personal reference guide. It contains:

- lists of new language in French and in English for each Unit;
- an alphabetical glossary in French and in English;
- a grammar summary in English.

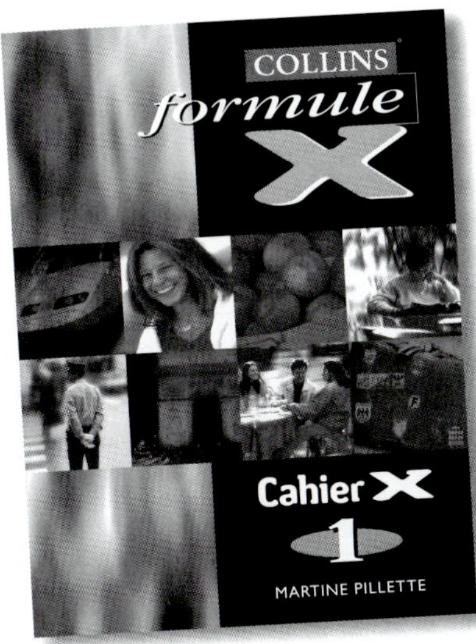

Cahier X

The *Cahier X* workbook and cassette are ideal for homework.

Formule X website

The *Formule X* website (www.**Collins**Education.com) provides up-to-date resources and enjoyable activities for each topic.

Best of luck with *Formule X*!

Martine Pillette

Salut!

Learning objectives

Basic questions and answers when meeting and greeting people (names/saying hello)

Alphabet: a–j

What learning French is about (*eXpress*)

a Regarde 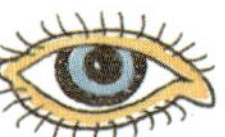 les photos et écoute 

b Ecoute et répète.

c Lis à haute voix (read aloud), écoute et répète.

d Pratique oralement.

To say hello, use ***bonjour*** with adults and use ***bonjour*** or ***salut*** with young people. ***Salut*** is more laid-back.

Ecoute **1–8** et trouve  le texte exact (**a–h**).

Exemple 1 Tu t'appelles Jamel? *1d*

a Je m'appelle Jamel.
b Je m'appelle Jamel, et toi?
c Bonjour, je m'appelle Jamel.
d Tu t'appelles Jamel?
e Tu t'appelles Cindy?
f Tu t'appelles Cindy ou Sylvie?
g Tu t'appelles comment?
h Bonjour, je m'appelle Sylvie.

L'alphabet: A–J

a Ecoute et chante le rap.

A–B
A–B–C
A–B–C–D–E
F–G
F–G–H
F–G–H–I–J

b Ecoute et chante.

A–B–C–D–E
F–G–H–I–J
A–B–C–D–E
F–G–H–I–J
A–B–C
D–E–F–G–H
A–B–C
D–E–F–G–H
F–G–H–I–J

4 Regarde **a–h** (activité 2) et pratiquez à deux.

Exemple

Tu t'appelles Cindy?

e!

a Ecoute le dialogue pour le plaisir (for pleasure).

b Extra: improvisez le dialogue entre José et Fifi.

1

Ça va?

Learning objectives

Basic questions and answers when meeting people (how are you/goodbye)
Alphabet: a–t
Checking your written work

1 Fais des dialogues oralement.

Exemple

– Bonjour!

– Salut! Tu t'appelles comment?

– Je m'appelle Matt. Et toi?

– Je m'appelle Kim.

– Au revoir, Kim!

– Au revoir, Matt!

2 Ecoute les dialogues **1–7** et dessine 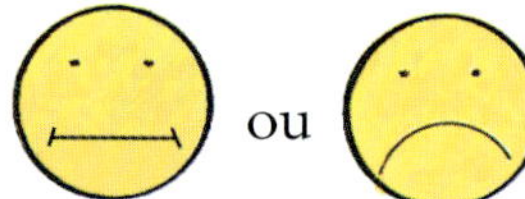 , ou .

Exemple  1 – Ça va?
– Très bien, merci. 

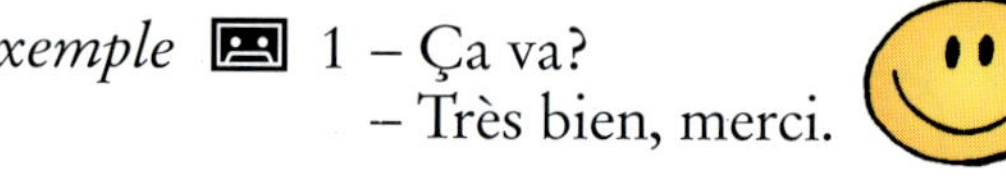

3 Regarde les phrases et les photos.

Improvisez des dialogues .

Exemple *1 – Ça va?* *– Oui, ça va, merci.*

1

2

3

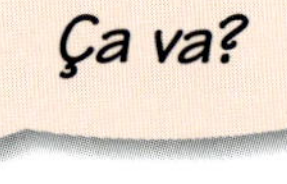

4

5

6
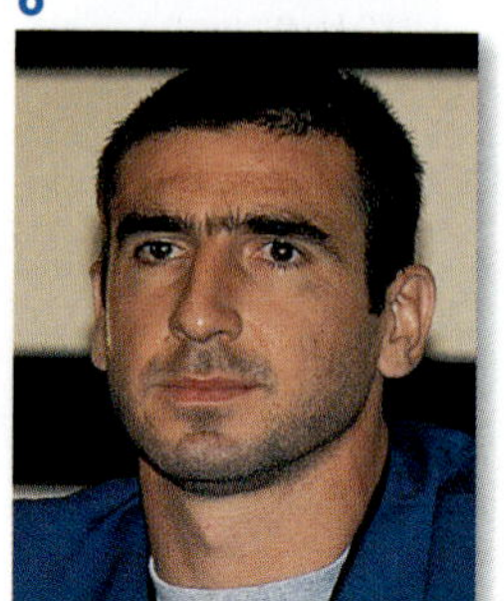

 Ecris les dialogues de l'activité 3.

Exemple *1 – Ça va?*
– Oui, ça va, merci.

message X

Finished?

a Read through your work and check the spelling and punctuation very carefully.

b Swap with somebody else and check each other's work.

L'alphabet: K–T

a Continue le rap (page 7):

AB	ABC	ABCDE
FG	FGH	FGHIJ
KL	KLM	KLMNO
PQ	PQR	PQRST

b Ecoute ton professeur, et écris les mots.

Exemple

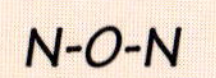

non

Ecoute le dialogue, regarde le vocabulaire et écris le dialogue correctement.

et toi?	Très bien,	Olivier
Tu t'appelles	je m'appelle	Salut!
comment?	Bonjour!	Ça va?
merci.	Anne,	Moi,

message X

a Write the dialogue in rough as you listen to the cassette.

b Write up your dialogue neatly, checking the spelling and punctuation after each sentence. Don't forget the accents (très), the apostrophes (m'appelle) and the cedillas (Ça).

Ça s'écrit comment?

Learning objectives

Asking/saying who others are
Coping with the full alphabet
Discussion on famous French people
Learning through speed practice

Ecoute et chante l'alphabet.

A–B–C–D E–F–G–H I–J–K L–M–N
O–P–Q–R–S–T U–V–W–X Y–Z Y–Z

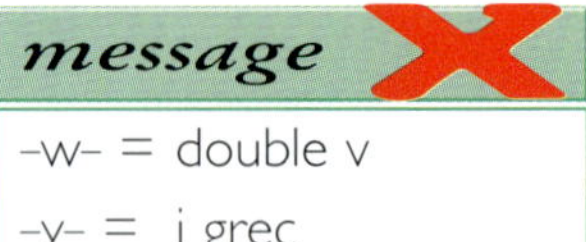

-w- = double v
-y- = i grec

Ecoute **1–8**, regarde **a–h** et trouve les paires.

Exemple: 1 A-N-I-T-A *1c*

a Mehmed
b Emma
c Anita
d Cyril
e Thérèse
f Céline
g Arnaud
h Jérémy

-é- = e accent aigu
-è- = e accent grave

Regarde les photos, écoute les dialogues **1–6** et complète les noms.

Exemple *1 Rachid Taha*

1

2

3

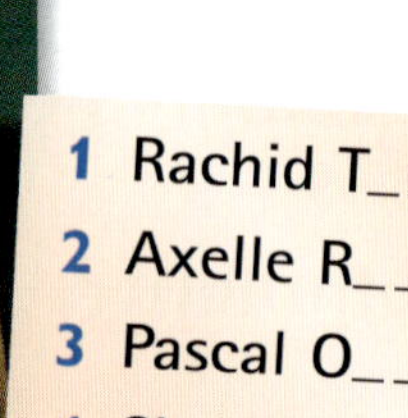
1 Rachid T_ _ _
2 Axelle R_ _
3 Pascal O_ _ _ _ _
4 Christophe L_ _ _ _ _ _
5 Sophie M_ _ _ _ _ _
6 Juliette B_ _ _ _ _ _

4

5

6

4 Fais des dialogues oralement.
Exemple (+ cassette)

5 Fais des dialogues avec:

Bonjour, madame! | Bonjour, monsieur! | Bonjour, mademoiselle!

Exemple – *Photo b?*
– *Bonjour, madame!*
– *Oui. Photo e?*
– *Bonjour. . .*

a

b

c

d

e

f

g

h

6 **a** Pratique le dialogue.
b Change de rôle.
c Pratique plus vite (faster)!

Rôle A	**Rôle B**
Salut, ça va?	~~~~, ~~~~ ?
Moi? Très bien, merci!	~~~~ ?
Non. Je m'appelle . . .	~~~~ ?
Ça s'écrit ~~~~.	Regarde. C'est qui?
C'est ~~~~.	Ah! Au revoir!
~~ !	

...reinforcement...recycling...extension

Learning objectives

Coping with rubrics
Learning techniques
Using *AnneXe*

1 Instructions

a Regarde **1–9** et **a–j**. Ignore les lignes (lines) et trouve les paires de mémoire.
Exemple 1c

Des problèmes? Regarde pages 6–11 ou regarde les lignes.

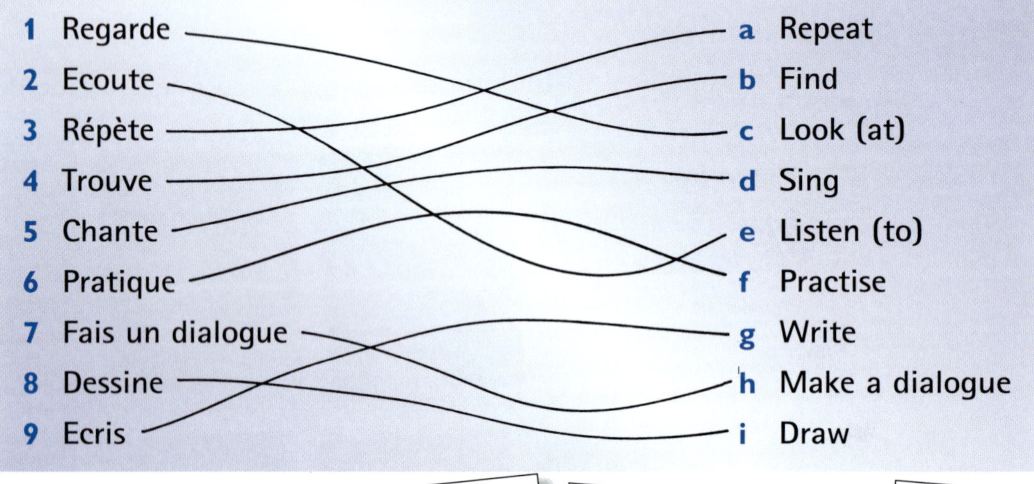

b Fais des cartes avec **1–9** et **a–j**.

Regarde | Listen | Chante | Find

Trouve les paires. Vite, vite, vite!

c Ecoute ton professeur et imite l'exemple.
Exemple

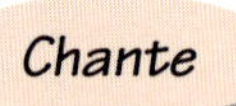

5d!

d Fais un poster-instructions.

message 

Coping with *Formule X* instructions:

- some words look like English words. Example: cartes ↔ cards
- the rest of a sentence can help you understand new words
- the examples given can help you understand what to do
- *AnneXe* p 64 explains the main instructions used in *Formule X*.

Technique d'écoute

Ecoute les phrases **1–9**. Ça correspond à **a**, **b**, **c** ou **d**?

Exemple 1 Comment tu t'appelles? *1c*

a Ça va?

b Ça s'écrit comment?

c Tu t'appelles comment?

d C'est qui?

Ah oui, euh. . . et toi, euh. . . comment tu, tu. . . t'appelles?

message 

1–9 show that sometimes there is more than one way of saying the same thing. This also happens in English. For example, we can say 'what time is it?, 'do you have the time?' or 'have you got the time?'.

3 *AnneXe*

Regarde *AnneXe*.

message X

- From p 4 to p 31, *AnneXe* lists all the new words and phrases for the topics in each Unit.
- Do you recognise the words and phrases from Unit 1? They are all recorded in French on your home cassettes so that you can practise recognising them and saying them.
- This helps you understand the instructions in *Formule X*.

4 Instructions

Regarde *AnneXe* p 64.
Cache (hide) l'anglais.
Devine (guess) l'anglais (10 phrases minimum).

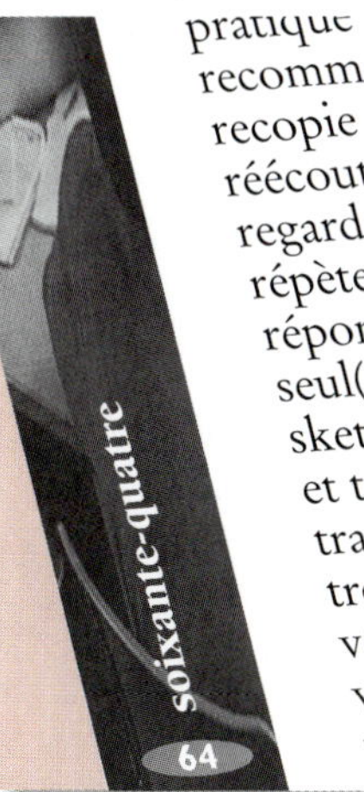

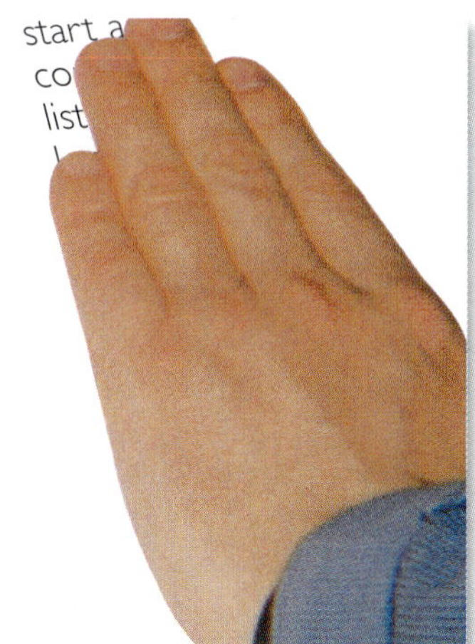

eXpo

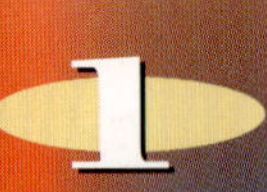

BD

Salut, ça va?

Oh non! Un désastre!

Un désastre?

Oui, Annabelle, le cinéma, 8h: impossible! Je suis Quasimodo!

J'ai une idée. . . Allô! Lucille? Un problème. . .

Super! La solution idéale!

Ça va? Un. . . deux. . . trois. . .

Info

In fairly small public places (shops or banks, for example), it's polite to say *bonjour* as you enter and *au revoir* as you leave, even if you don't know anybody there.

When they meet friends and relatives, French people normally kiss each other on the cheek or shake hands, even if they're in a hurry and are just saying a quick 'hello!' in the street. Kissing can be a complicated business: some people kiss twice, some kiss three times and others kiss four times! And working out which cheek to start with can cause some funny scenes. . .

Carte

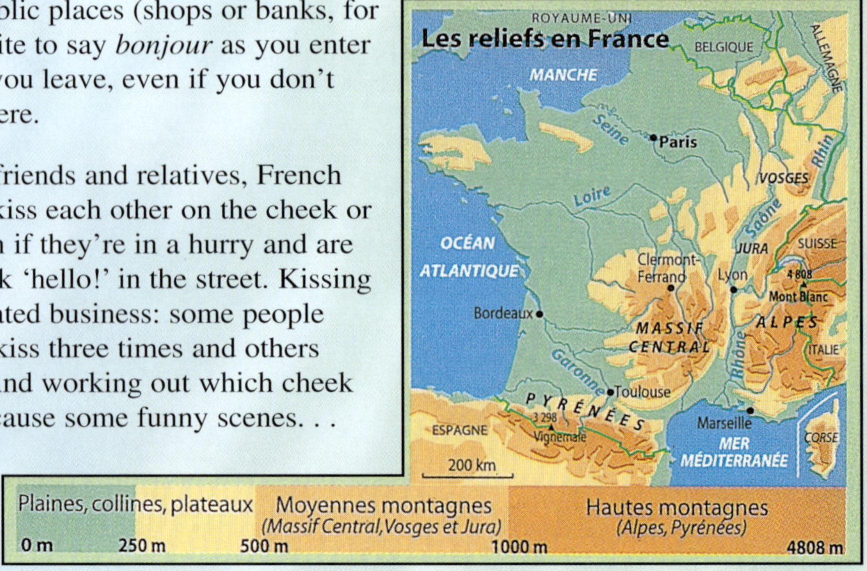

Les reliefs en France

ROYAUME-UNI
BELGIQUE
ALLEMAGNE
MANCHE
Seine
Paris
Rhin
VOSGES
Loire
Saône
OCÉAN ATLANTIQUE
SUISSE
JURA
Clermont-Ferrand
Lyon
4 808
Mont Blanc
Bordeaux
MASSIF CENTRAL
ALPES
ITALIE
Rhône
Garonne
Toulouse
PYRÉNÉES
3 298
Vignemale
ESPAGNE
Marseille
MER MÉDITERRANÉE
CORSE
200 km

Plaines, collines, plateaux | Moyennes montagnes (Massif Central, Vosges et Jura) | Hautes montagnes (Alpes, Pyrénées)

0 m | 250 m | 500 m | 1000 m | 4808 m

Poème

Ça va, Nicolas?
Moi? Ah, oui, ça va!
Ça va, Jérémy?
Oui, très bien, merci!
Ça va, Siméon?
Moi? Bof, oui et non. . .
Ça va, toi, Edouard?
Ah non! Au revoir!

Un, deux, trois. . .

Learning objectives

Coping with numbers 1–10
Adding and subtracting
Simple vowel sounds (e*X*press)

1 **a** Regarde et écoute le rap.

b Pratique le rap.

un, deux	1, 2
un, deux, trois	1, 2, 3
un, deux, trois, quatre, cinq	1, 2, 3, 4, 5
six, sept	6, 7
six, sept, huit	6, 7, 8
six, sept, huit, neuf, dix	6, 7, 8, 9, 10

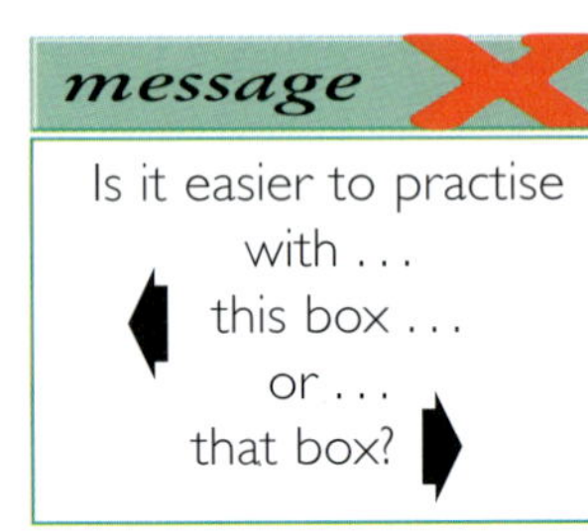

c A deux, inventez un rap.

2 **a** Ferme les yeux et écoute le professeur.

Ouvre les yeux et trouve la carte de loto.

Exemple Deux, sept, cinq *g!*

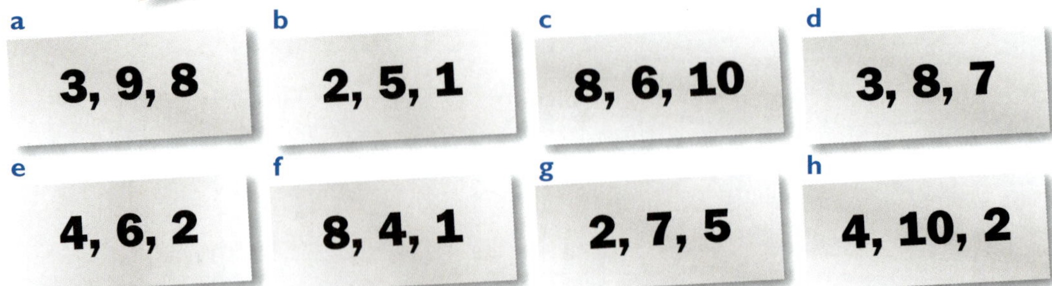

b Lis (read) les cartes de loto en silence.

Exemple Trois . . . neuf . . . huit

c Pratiquez à deux . . . plus vite! (faster!)

Exemple a! Trois, neuf, huit!

. . . ou vice versa!

3 Ecoute la cassette et trouve les paires de sons (sounds).
Exemple 1 Meuh! *1c!* (Raison: m<u>eu</u>h/d<u>eu</u>x – son identique)

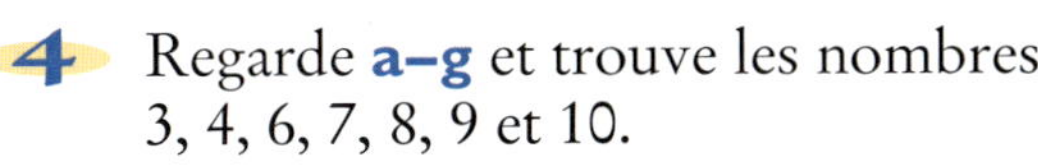

a trois **b** sept **c** deux **d** neuf **e** huit **f** cinq

4 Regarde **a–g** et trouve les nombres 3, 4, 6, 7, 8, 9 et 10.
Exemple *p e s t e → sept (7)*

- **a** peste
- **b** fortune
- **c** expertise
- **d** authentique
- **e** dictionnaires
- **f** mousquetaire
- **g** extraordinaire

5 **a** Ecoute le professeur et écris les résultats.
Exemple Trois moins deux  *Un*

b Pratiquez à deux (oral ou écrit).

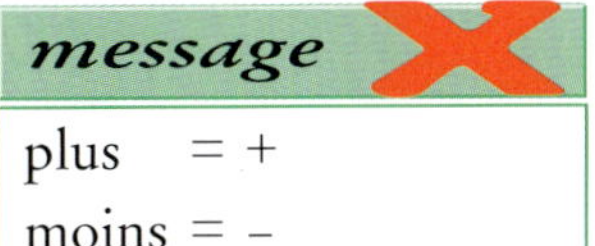

plus = +
moins = –

2 Tu habites où?

Learning objectives

Saying where you live (town and country)
Sharing opinions (town and country)
Pronunciation: *a/o/i/u* **(eXpress)**

1 **a** Etudie (study) la carte avec le professeur.

b Ecoute la cassette et montre les villes (towns).
Exemple 1 – Tu habites où? *– J'habite à Toulouse.*

GRANDE-BRETAGNE
BELGIQUE
ALLEMAGNE
LUXEMBOURG
Lille
Paris
Nantes
FRANCE
SUISSE
Lyon
Bordeaux
Grenoble
ITALIE
Toulouse
Nice
Marseille
MONACO
ESPAGNE
ANDORRE
Toulon

2 Regarde le dialogue: bizarre?
Recopie les mots (the words) dans l'ordre exact. . . avec la ponctuation!

– où? / Tu / Darren. / habites / Salut,
– à / toi? / Belfast. / Et / J'habite
– Ballykelly. / J'habite / à

3 **a** Ecoute la cassette → montre le dessin.

Exemple 1 J'habite en Irlande du Nord

J'habite en France.

Paris

a

J'habite au pays de Galles.

Cardiff

b

J'habite en Irlande du Nord.

Belfast

c

d

Edimbourg

J'habite en Ecosse.

e

Dublin

J'habite en Irlande.

f

Londres

J'habite en Angleterre.

b Ecoute le professeur → montre le dessin et répète.

c Imite l'exemple: d! J'habite en Ecosse.

4 Exploite le dialogue (écoute les suggestions du professeur).

- Tu habites où?
- J'habite à Fife.
- A Fife?
- Oui, j'habite en Ecosse.
- C'est bien?
- Ah oui, c'est super!

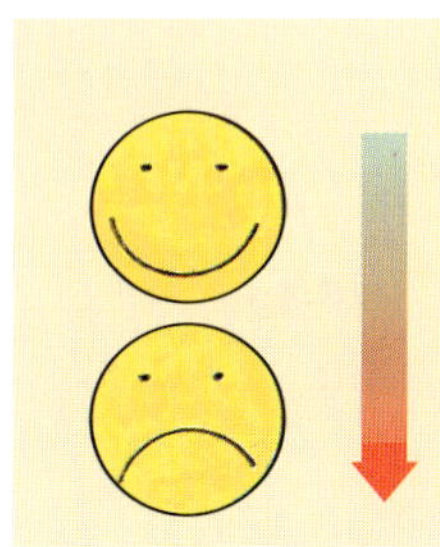

C'est bien?

Ah oui, c'est super!

Oui, c'est très bien.

Oui, ça va.

Bof, oui et non.

Oh non, c'est nul!

2

Tu as quel âge?

Learning objectives

Coping with numbers 1–20
Saying how old you are
Coping with longer instructions
Sound discrimination (numbers)
Pronunciation: *é/è* **(*eXpress*)**

1 Ecoute **a–l** et imite l'exemple.

Exemple a onze *a 11*

a	1 ou 11?	**e**	15 ou 16?	**i**	13 ou 16?
b	6 ou 16?	**f**	5 ou 15?	**j**	14 ou 15?
c	2 ou 12?	**g**	1 ou 20?	**k**	6 ou 10?
d	3 ou 13?	**h**	4 ou 14?	**l**	5 ou 20?

2 **a** Corrige (correct) les résultats.

Exemple: 1 vingt

1. **neuf + onze = dix-neuf**
2. **sept + huit = seize**
3. **quinze - douze = treize**
4. **quatorze + trois = dix-huit**
5. **dix + huit = douze**
6. **dix-neuf - douze = dix-sept**

b A toi! Invente des erreurs par écrit (in writing) → ton/ta partenaire corrige.

c Pratiquez oralement à deux: inventez et corrigez des erreurs.

message X

Do you need some help? Use *AnneXe!*

3 Ecoute le poème et pratique oralement. Invente des gestes.

Dans mon sac, j'ai trouvé. . .
. . . zéro domino
. . . trois pirates
. . . six *Formule X*
. . . sept raquettes
. . . huit biscuits
. . . dix pyramides
. . . treize Françaises
. . . et vingt Formule 1!

a Regarde, écoute et lis les bulles (read the speech bubbles).

b Ecoute les âges. Le film (15+) est autorisé? Ecris oui ou non.

Exemple 1. J'ai dix-sept ans *1 Oui*

a Regarde et écoute le dialogue **A**.

b Pratiquez oralement à deux avec le dialogue **A** → avec le dialogue **B**.

A		B
– Bonjour!	**Clara**	– B. . . . . . !
– Ah, bonjour! Comment tu t'appelles?	**Martin**	– Ah, ... ! C. . . . . . tu t'. . . . . . . ?
– Je m'appelle Clara Grand, et toi?	**Clara**	– . . m'. . . . . . Clara Grand, et . . . ?
– Je m'appelle Martin Dunois.	**Martin**	– . . m'. . . . . . Martin Dunois.
– Ça va?	**Clara**	– Ç. . . ?
– Ah oui, ça va très bien, merci.	**Martin**	– Ah . . . , ç. . . t. . . b. . . , m. . . . .
– Tu as quel âge?	**Clara**	– T. . . . q. . . â. . ?
– J'ai onze ans.	**Martin**	– J'. . . . . a. . .
– Salut!	**Clara**	– S. . . . !

c Ecoute et chante le dialogue. Oui, c'est possible!

eXtra Les instructions, ça va?

Traduis (translate) **1–10** de mémoire ou avec pp 16–21.

1 Ferme les yeux	**6** Adapte le dialogue
2 Trouve les paires	**7** Discute avec ton/ta prof
3 Ecris les résultats	**8** Imite l'exemple
4 Recopie le dialogue	**9** Corrige les résultats
5 Montre le dessin	**10** Lis les bulles

...reinforcement...recycling...extension

Learning objectives

Language consolidation
Grammar rules and exceptions
Using a cue card for speaking
Using *à/en/au* + town and country
Pronunciation practice

grammaire

1

- There are rules in every language. Can you think of one in English?
  Now let's discover a French rule. Look at these two sentences:
  J'habite à Paris. J'habite en France.
  Here, the rule is that when you say where you live (I live in. . .), you must use:
  – à before towns – en before countries
- Some rules have exceptions. What is an exception? Can you think of an English rule with exceptions?
  Some French rules have exceptions too. Here is one:
  J'habite en Ecosse . . . en France . . . en Irlande . . .
  BUT . . . J'habite au pays de Galles.
- Rules are very helpful: learn them and you'll get much better results.
  And the exceptions? Learn them by heart if you don't want to make mistakes!

2 Les nombres

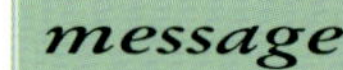

Depending on which word comes next, numbers can sometimes sound different.

a Regarde et écoute bien la prononciation.

un — un alphabet
deux — deux abricots
trois — trois animaux
quatre — quatre alligators
cinq — cinq éléphants
six — six acrobates
sept — sept hamburgers
huit — huit omelettes
neuf — neuf ans
dix — dix élastiques

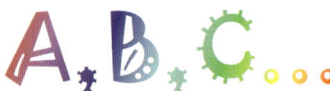

b Ecoute **1–8** et écris le nombre. Ignore le reste.
Exemple 1 six (6)

grammaire

3 Discovering links between the different things you learn makes them easier to remember. Can you spot the link in each box?

Tu t'appelles comment?
Ça s'écrit comment?

Tu habites où?
Tu as quel âge?
Tu t'appelles comment?

Ça va?
Ça s'écrit comment?

– Ça va?
– Très bien, merci.

– C'est bien, Nice?
– Oui, ça va.

4 Vocabulaire

a Recopie les mots dans l'ordre alphabétique.

Italie Danemark Portugal Suisse
Roumanie Suède Bulgarie Finlande
Norvège Luxembourg

b Plus difficile. . .

marmelade minibus margarine miroir
ministre magazine martien militaire
match million

5 *Challenge*

Pratique des dialogues dynamiques avec la feuille 3 (copymaster 3).

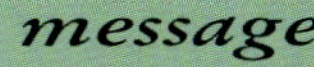

This will help you re-use a lot of what you have learnt so far. The more you practise combining everything together (your name, age and so on), the better you'll become at French!

Poème

Un et un, deux!
Deux et deux, quatre!
Trois et trois, six!
Quatre et quatre, huit!
Cinq et cinq, dix!
Dix sur dix
Avec Formule X!

Ecoute!

Ecoute. . . pour le plaisir.

Carte

Béthune
Lille
Lens
Valenciennes
Le Havre
Rouen
Paris
Nancy
Strasbourg
Rennes
Tours
Dijon
Mulhouse
Nantes
200 km
Clermont-Ferrand
Lyon
Grenoble
Bordeaux
St-Étienne
Cannes
Grasse-Antibes
Montpellier
Nice
Toulouse
Marseille
Toulon

Population française

- Plus de 400 000 habitants
- Moins de 400 000 habitants

Densité de population

Flash[1]

1998 – Record! Dans le centre de la France, trois scientifiques trouvent un cratère de météorite: 300 km de diamètre! Et son âge? 214 millions d'années!

Info-météorites – Imagine: une météorite s'approche de la planète. C'est un problème?

- non: une météorite inférieure à 1cm de diamètre se transforme en étoile filante (*shooting star*);
- oui et non: une météorite inférieure à dix mètres de diamètre se décompose en fragments;
- oui: une météorite géante arrive sur la planète à 20km par seconde! Le diamètre du cratère, c'est le diamètre de la météorite multiplié par vingt!

Info

- In France, school is compulsory between the ages of six to sixteen, but most children attend school from the age of three.
- Children spend five years at primary school and then move to secondary school at the age of eleven. They have some exams after four years, then more three years later.
- Pupils who have difficulties with their work sometimes retake the year instead of moving up to the next class. This means they are a year, or sometimes two years older than the rest of the class.

Protestation des animateurs de Disneyland Paris en costumes de Donald, Mickey, etc. La raison? Des agressions fréquentes. Les agresseurs? Des visiteurs. Des visiteurs??? Oui. . . des enfants!

Trouve la bonne photo.

1 Parking de 7h à 22h.
2 Grand Prix de Formule 1.
3 Western américain à 20h55.
4 Réductions massives sur tous les articles!
5 Queue pour taxis.
6 Arrivée des trains.

A

B

SOLDES
MONSTRES
JUSQU'A
-50%
DANS TOUT LE MAGASIN!

C

D

E

F

Tu as un crayon?

Learning objectives

Asking for an object in the classroom
Saying what objects you have or don't have
Regular nouns in the plural
Articles ***un/des***
Using ***mais*** **to avoid short** ***non*** **answers**
Re-explaining grammar to show you understand

1 **a** Ecoute le professeur et montre l'objet.

Challenge **X**: cache (hide) les mots.

b Pratiquez à deux ou plus.

un cahier

un livre

un carnet

un dictionnaire

un stylo

un crayon

2 **a** Ecoute **1–9** et choisis le dessin exact.

b Pratiquez à deux ou plus.

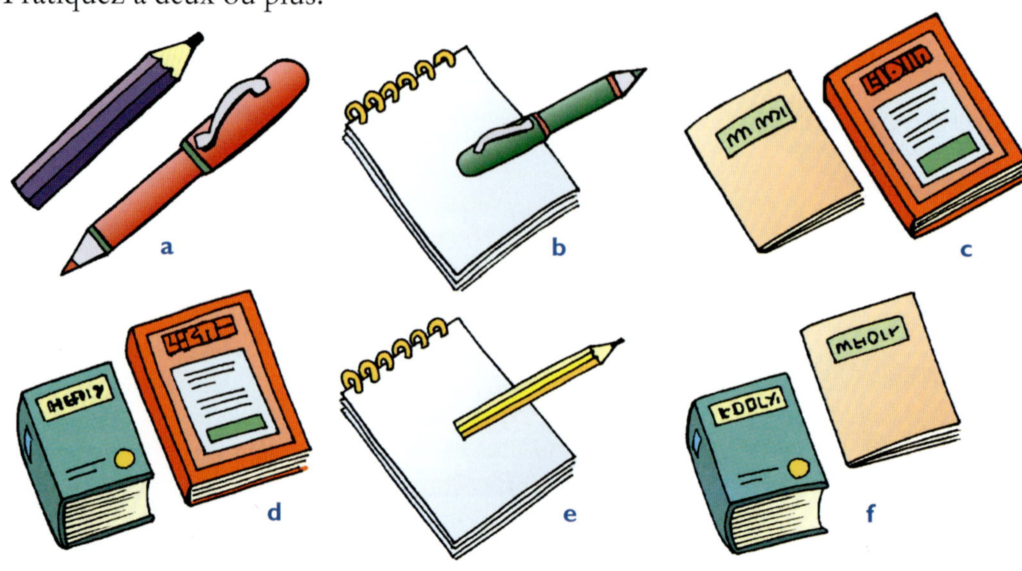

grammaire

Noms singuliers et pluriels — Singular and plural nouns

1 stylo, crayon, etc. = des noms? des verbes? des adjectifs?

2 = singulier? pluriel?

3 = singulier? pluriel?

4 one pen = un stylo two pens = deux ?

prononciation: stylo**s** = stylo
des stylos = pens *or* some pens *or* a few pens

A noun can be a person (Juliette; friend), a thing (pen, rabbit), or a place (Wales; library).

In the plural, most French nouns, like English nouns, end in 's'. In French, however, you mustn't pronounce the 's' at the end.

A toi!

a Ecoute le professeur et dis (say) «singulier» ou «pluriel».

b Pratiquez à deux ou plus.

c Recopie les mots en deux colonnes: singulier et pluriel.

des stylos un dictionnaire un carnet
quatre crayons trois livres deux carnets
cinq stylos des livres un crayon un cahier

a Regarde la bulle et écoute Gaëlle.

b Réécoute avec des pauses et répète.

c *Challenge* – Fais un dessin et écris une bulle.

Phhh!!! J'ai cinq livres et sept cahiers. Zut! Je n'ai pas de stylos: tu as des stylos? Ah, regarde, j'ai un crayon, ça va! Et toi? Tu as des crayons? Et tu as un dictionnaire? Moi, je ne sais pas. . .

message

Take care with positives and negatives!

Positive: I *have* a pen
= J'ai *un* stylo.

Negative: I *don't have* a pen
= Je n'ai pas *de* stylo.

Sometimes, French is easier than English. This time, it's the other way round!

3

Je voudrais. . .

Learning objectives

Asking what something is
Asking for an object
Gender: masculine and feminine nouns
Articles *un / une / des*
Sound discrimination (*eXpress*)
Matching spellings to sounds

1 **a** Ecoute et complète les mots **1–5**. Devine! (Guess!)

1 une _euille **2** une _è_le **3** une c_ss_tt_ **4** une _ _mme **5** une _ _aie

b Vérifie (check) dans *AnneXe*, p 8.

c Ecoute **1–5** et choisis (choose) la photo (**a–e**).

a

b

c

d

e

grammaire

2

Le masculin et le féminin **Masculine and feminine**

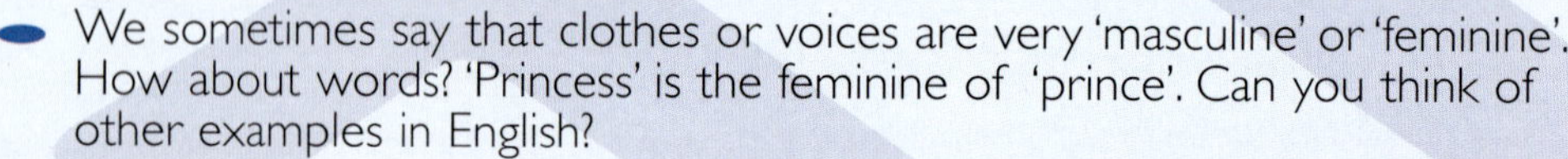

un cahier, **un** stylo **une** règle, **une** gomme **?** crayon **?** craie

- We sometimes say that clothes or voices are very 'masculine' or 'feminine'. How about words? 'Princess' is the feminine of 'prince'. Can you think of other examples in English?
- In French, all nouns are either masculine or feminine. You can find out which by looking at the word in front of the noun: masculine nouns have ***un*** before them, while feminine nouns have ***une*** in front of them. For example:
  un stylo = masculine **une** gomme = feminine
- You can't guess whether a noun is masculine or feminine, so whenever you learn a new noun, try learning it with ***un*** or ***une*** in front.
- When a noun is in the plural, you can't tell whether it is masculine or feminine, because ***des*** appears in front of both types of noun. For example:
  des stylos (pens; some pens) **des** gommes (rubbers; some rubbers)

A toi!

a Ecoute le professeur et dis «masculin!» ou «féminin»!

b Ecoute la cassette et répète avec «un» ou «une».
Exemple Cahier *Un cahier!*

c Pratiquez à deux.

a Regarde et écoute les dialogues **1–6** en silence.

b Complète **Luc trouve. . .** à l'aide des dialogues.

Luc trouve. . .

1
Luc – Je voudrais une craie, s'il te plaît.
Jacky – Une craie? Oui, voilà.
Luc – Merci.

2
Luc – Marc, tu as une gomme?
Marc – Désolé, je n'ai pas de gomme.

3
Luc – Lucie, je voudrais une gomme, s'il te plaît.
Lucie – Je ne sais pas. . . Ah, regarde, désolée.

4
Luc – Nadia, tu as un cahier?
Nadia – Un cahier? Désolée, mais voilà une feuille.

5
Luc – Carl, tu as une règle?
Carl – Moi, je n'ai pas de craie.
Luc – Non, non. Une règle!
Carl – Ah, voilà.
Luc – Merci!

6
Luc – Julie. . .
Julie – Chut!
Luc – Julie, tu dessines?
Julie – Non, non, je recopie un dialogue.
Luc – Tu as des crayons et des stylos?
Julie – Des crayons, non, mais voilà trois stylos. Ça va?
Luc – Super! Merci!

Choisis une activité ou plus.

a Réécoute les dialogues **1–4** et répète.

b Pratiquez les dialogues **1–6** à deux ou plus.

c Jouez (act out) les dialogues à deux ou plus.

d Fais un poster-objets (dessins + noms).

e Invente un dialogue.

Qu'est-ce que tu fais?

Learning objectives

Saying what you are doing and asking others in class
Introduction to verbs
Sound discrimination (e*X*press)
Pronunciation practice using 'look-alikes'

1 Regarde la feuille 1. Ecris une phrase en secret.
Exemple *Je recopie un poème.*
Ecoute les phrases du professeur: Identique?

Non?

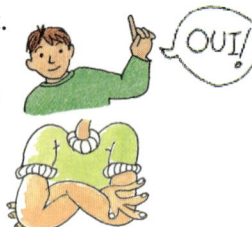

2 **a** Lis et écoute le dialogue. Objectif de Mehdi et Yasmine: trouver la phrase-mystère de Céline.

Mehdi – J'apprends un exemple?
Céline – Moi, non.
Yasmine – Je regarde une photo?
Céline – Moi, non.
Mehdi – Je recopie un dialogue?
Céline – Moi... oui et non.
Yasmine – Euh... Je recopie un exercice?
Céline – Oui, voilà!

b Jouez (play) à deux, trois ou quatre.

3 Fais une pile de verbes et une pile de noms.

Jouez à deux (regarde la photo).

Ça va. ou *C'est nul.* ?

4 Ecoute et chante.

J'apprends un poème
Je prépare un dialogue.
Je fais un dessin
Je dessine un stylo.
Je lis un exemple
Je regarde une photo.

Je fais un poster
Je recopie *eXpo.*
Je pratique, je pratique,
Je corrige, je corrige.
Ah là, là, quel boulot!
Ah là, là, quel boulot!

5 Lis **1–7** et recopie les verbes.

1 Je fais un poster.
2 Je recopie un poème.
3 Je voudrais une gomme.
4 J'apprends un dialogue.
5 J'ai onze ans.
6 J'habite à Norwich.
7 Tu t'appelles John?
8 Tu as quel âge?

grammaire

Les verbes **Verbs**

Verbs tell you what people or things are doing or being.

Exemples je *fais* j'*habite* tu *as*

In French, *je* means 'I': je prépare je dessine
Before a vowel or an *h*, however, *j'* is used: j'apprends j'ai j'habite

The verb form with *je* or *j'* is called the *first person singular*, just like the verb form with 'I' in English.

In the first person singular, many verbs end in -e, such as **je regarde** or **je recopie**. Some verbs are different, though, for example: **je fais**, **je lis** and **j'ai**.

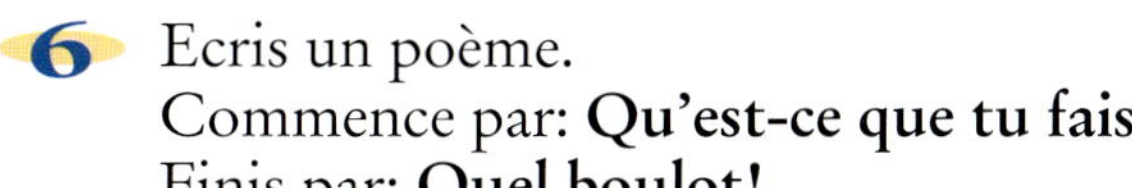

6 Ecris un poème.
Commence par: **Qu'est-ce que tu fais?**
Finis par: **Quel boulot!**

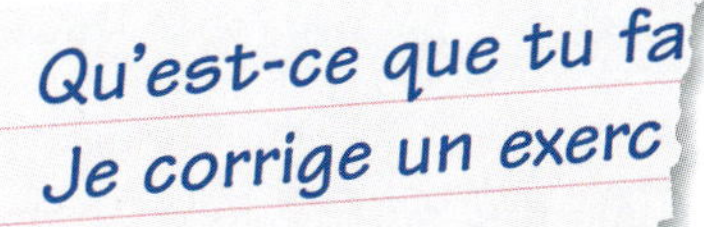

Qu'est-ce que tu fa
Je corrige un exerc

3

...reinforcement...recycling...extension

Learning objectives

Language consolidation
Learning vocabulary
Using the *AnneXe* glossary
Recognising 'look-alikes' in listening
Listening out for familiar words in full sentences

1 J'apprends

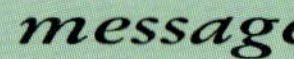

Learning new words is easier if you group them in certain ways. For example:

– all masculine nouns (or all feminine nouns, all verbs and so on);
– words that mean the same thing (synonyms);
– words that mean the opposite of each other (antonyms);
– a typical question and answer.

Recopie les paires.

Exemple *s'il te plaît – merci*

s'il te plaît - oui - c'est super - et - bonjour - dix - j'ai - plus

ou - je n'ai pas - au revoir - non - vingt - merci - c'est nul - moins

2 Glossaire *AnneXe*

a Cherche (look up) «livre» et «règle» dans le glossaire *AnneXe* pp 22–43.

livre *nm* book ↔ *nm* = nom masculin (un livre)
règle *nf* ruler ↔ *nf* = nom féminin (une règle)

b Cherche **1–8** dans le glossaire *AnneXe*.

Imite l'exemple: 1 une calculette – *a calculator*

1 calculette
2 trousse
3 feutre
4 stylo-plume

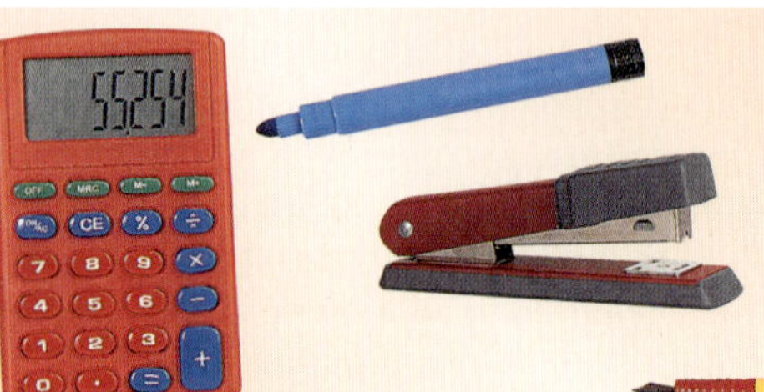

5 trombone
6 agrafeuse
7 marqueur
8 étiquette

3 Ecoute les mots!

Ecoute le professeur. Tu comprends? (Do you understand?) Mime!

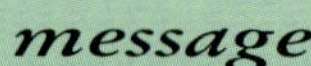

You saw and heard the words your teacher is going to say in pronunciation practice in Unit 2, for example *hélicoptère*. All the words look like English words … but they sound French, of course!

grammaire

Fais **a–e**.

a Je n'ai pas de stylo: correct?
Je n'ai pas de stylos: correct?

b J'ai un crayon = I ? a pencil
J'ai 11 ans = I ? 11

c some books = des livres
a few books = ? livres
books = ? livres

d un cahier (masculin)
→ des cahiers (pluriel)
une règle (féminin)
→ ? règles (pluriel)

e et = ?
ou = ?
mais = ?

Answers

a Both are correct, so you can use either!

b I have a pencil / I am 11
J'ai usually means 'I have', but in J'ai . . . ans it means 'I am . . .'.

c **des. . ./des. . ./des:** simple!
Note: in English, you can use 'books' on its own. In French, you must use des livres.

d des. In the plural, des is used both with masculine and feminine nouns.

e et = and; ou = or; mais = but.
Small words are very useful, so learn them well and use them well!

Ecoute les phrases!

Ecoute les phrases et choisis le dessin (**a–h**).

Exemple 1 Je n'ai pas de livre, regarde! *1e*

message

You will hear full sentences, but only concentrate on the words pictured in **a–h**.

If you train your ears to spot familiar words in the middle of sentences, listening will become easier.

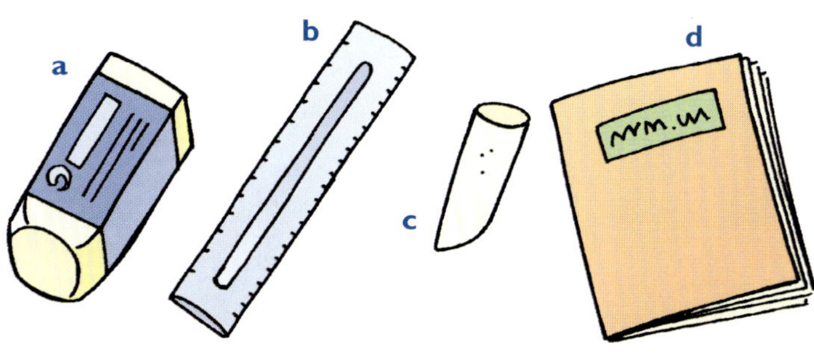

h

Challenge

a Regarde la photo et écoute le dialogue.

b Réécoute le dialogue et complète la feuille 2B.

c Invente un dialogue basé sur la photo.

Poème

a, a, ça va
e, e, un, deux
é, é, cahier
è, è, carnet,
i, i, écris
o, o, stylo
u, u, salut!

Flash

Classe active dans la région de Paris: la 1e classe multimédia, avec dix ordinateurs (*computers*) multimédia. Objectif numéro 1: la création d'un site Internet sur les fleuves (*rivers*) en Europe: super pour la géographie!

Info

- French pupils have to buy their exercise books and paper. After the first four years at secondary school they also have to buy their own textbooks, but can often buy them second-hand.
- *Un cahier de texte* is a homework diary. You can find many smart-looking ones in shops. If homework is set on a Monday for the Friday, pupils enter it under Friday.
- French pupils don't wear a uniform. They tend to dress casually but do like to be fashionable. Girls often prefer wearing trousers.

Photos

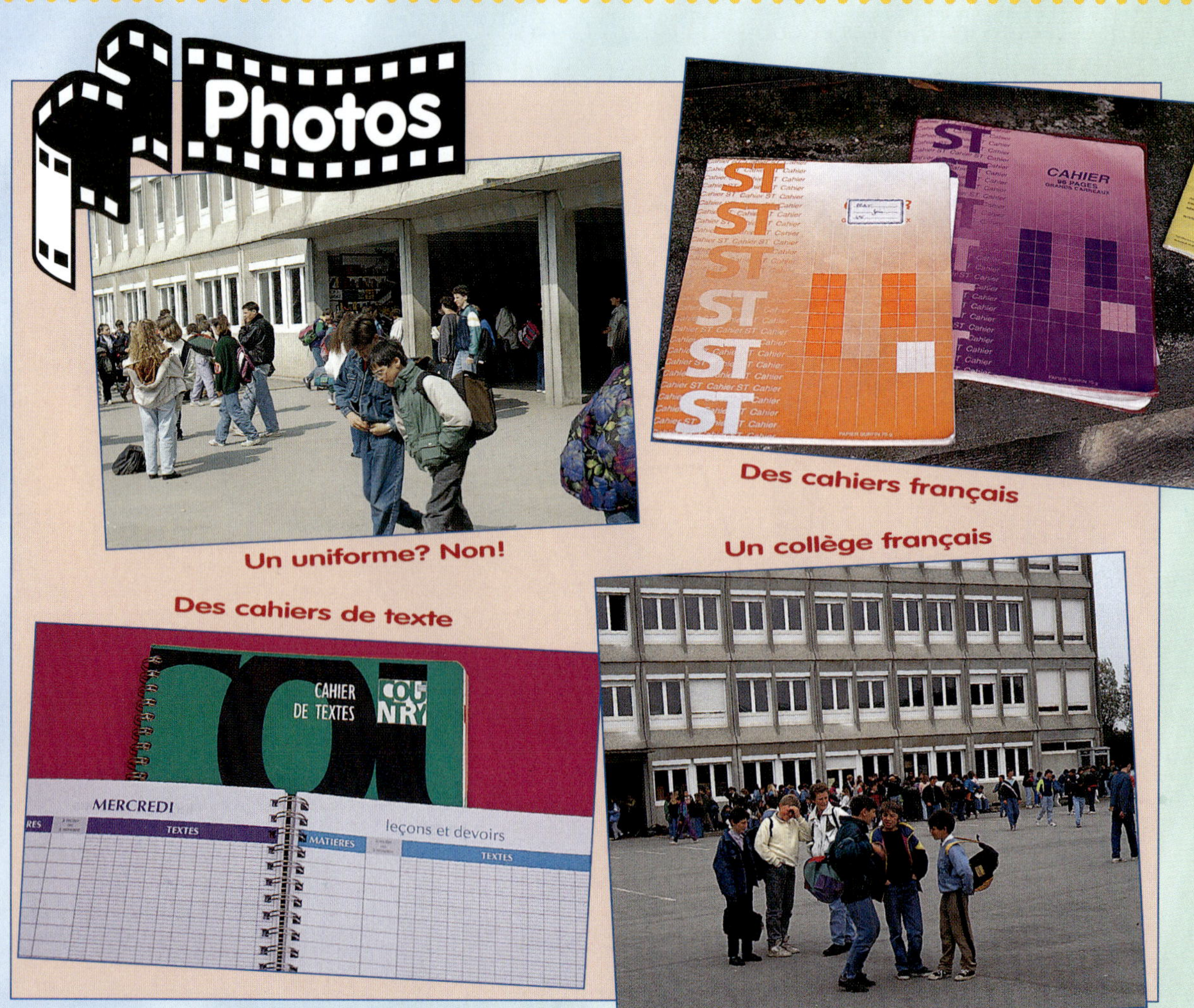

Un uniforme? Non!

Des cahiers français

Un collège français

Des cahiers de texte

BD

Bonjour, tu t'appelles comment?
Moi? Je m'appelle le cahier.

Ça va, le cahier?
Bof, oui et non.

Oui et . . . non?
C'est le stylo: la torture!!!

Ah oui, le stylo! Et le crayon?
Le crayon . . . ça va.

Tu as une feuille?
Oui. Regarde: tu choisis?

Merci, le cahier!
Aïe!

Jeu

Regarde le glossaire: c'est le désordre!

Recopie les mots français dans l'ordre alphabétique.

Vérifie à l'aide de la cassette.

idéal	*adj*	ideal
idée	*nf*	idea
identique	*adj*	identical
identifier	*v*	to identify
illégitime	*adj*	illegitimate
illégal	*adj*	illegal
illustrer	*v*	to illustrate
importer	*v*	to import
imbécile	*nm/f*	idiot
imiter	*v*	to imitate
industrie	*nf*	industry
individu	*nm*	individual
Inde	*nf*	India

Tu as des frères ou des sœurs?

Learning objectives

Saying what brothers and sisters you have and asking others about theirs

Sound discrimination (different spelling, same sound)

1 **a** Ecoute et regarde les dessins **a–g**.
C'est vrai (true)? Répète.
C'est faux (false)? Silence!
Exemple Dessin **a**: J'ai deux frères → Silence!

b Pratiquez à deux.

a

b

c

d

e

f

g

2 Regarde les dessins p 36.

a Ecris sept phrases à l'aide d'*AnneXe*.
Exemple
a J'ai un demi-frère et une demi-sœur.

b Comparez à deux.

c Lisez les phrases à haute voix (aloud).

3 Prononciation: regarde, écoute et répète.

1 sœur – **feuille**	6 **fils** – dix
2 **fils** – six	7 **fille** – cahier
3 **fille** – feuille	8 **unique** – salut
4 **unique** – **une**	9 **mais** – carnet
5 **mais** – des	10 **fils** – exercice

message 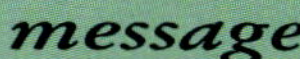

To remember how to say a new word, you can write it down alongside a word you know already that contains the same sound.

4 Ecoute le modèle sur cassette→ Fais des interviews dans la classe.
Objectif: trouver la vérité (the truth).

5 Lis les messages **1–5**. Fais un dessin pour chaque (each) famille.

message

Rappel (reminder)
J'ai. . . = ?
Je n'ai pas de. . . = ?

1 Salut! J'ai deux frères, une sœur et un demi-frère. Et toi?

2 Bonjour. J'habite à Nice et je suis fille unique. Et toi? Tu as des frères et sœurs?

3 J'habite en France et j'ai douze ans. J'ai une sœur mais je n'ai pas de frères. J'ai un demi-frère, Alex.

4 Moi, je n'ai pas de frères ou de sœurs mais j'ai une demi-sœur.

5 Moi, je n'ai pas de frères, je n'ai pas de sœurs, je n'ai pas de demi-frères et je n'ai pas de demi-sœurs. Je suis fils unique et c'est super!

6 Et toi? Ecris un paragraphe sur ta famille. . . ou ta famille imaginaire.

7 ***Challenge*** ✗
Ecoute l'exposé et trouve le dessin exact (activité 5).

4 Qu'est-ce que tu fais à la maison?

Learning objectives

Saying what you do at home
Using possessives: *mon/ma/mes*
Speaking from notes
Listening to 'look-alikes' (eXpress)

1 Lis la lettre et *message X*. Choisis les réponses (**1–5**).

> Salut!
> A la maison, je regarde la télévision, j'écoute des CD ou je joue sur mon ordinateur: par exemple, je surfe sur Internet. En plus, je fais mes devoirs ou j'apprends mes leçons. Et. . . j'aide ma mère ou je joue avec mon frère.

message X

à la maison = at home
mon ordinateur = my computer
There are other new words in the letter. Look at them. . . think about them. . . and you can work out what they mean without help!

1	je joue =	**a)** I watch	**b)** I play	**c)** I listen to
2	en plus =	**a)** what's more	**b)** plus	**c)** I like
3	mes devoirs =	**a)** at school	**b)** I learn	**c)** my homework
4	j'aide =	**a)** I follow	**b)** I watch	**c)** I help
5	avec =	**a)** with	**b)** but	**c)** and

2 **a** Recopie les neuf expressions avec **Je** ou **J'** (*AnneXe* p 10) .

b Découpe les mots (words) individuels.
Exemple: Je | regarde | la | télévision

c Rassemble les neuf expressions.

3 Ecoute la lettre (activité 1) et pratique oralement: super pour la prononciation!

4 **a** Recopie les huit verbes de la lettre (activité 1).

b Pratiquez oralement à deux.
Exemple:

grammaire

5 **Mon. . . , Ma. . ., Mes. . .** *Annexe* **p 54**

Regarde la lettre (activité 1):
mon ordinateur = ? computer
ma mère = ? mother
mes leçons = ? lessons

Why is there just one word for *my* in English and three in French (*mon, ma, mes*)? It is because we use:
mon + masculine singular noun
ma + feminine singular noun
mes + plural noun

So to use *mon, ma* or *mes* correctly, you need to know which nouns are masculine and which are feminine:
crayon: masculine → **un** crayon (a pencil) → **mon** crayon (my pencil)

A toi!

a Fais l'activité, feuille 2A.

b A deux, inventez oralement un maximum de phrases avec les deux groupes de mots (words).

Exemples

Ecoute mon frère.

Regarde mes devoirs.

message

Say *mon, ma* or *mes* before each noun. Be careful, though! In English we say 'homework', but in French we need to say 'homework**s**' (devoir**s**): **mes** devoirs (my homework) **des** devoirs (homework; some homework).

Corrige Regarde Trouve Recopie Ecoute Fais Pratique avec Joue avec Lis

. . .?. . . père . . .?. . . devoirs . . .?. . . CD . . .?. . . ordinateur
. . .?. . . frères . . .?. . . mère . . .?. . . dialogue
. . .?. . . sœur . . .?. . . demi-frère . . .?. . . livre

6 **a** Ecoute l'exposé basé sur l'aide-mémoire.

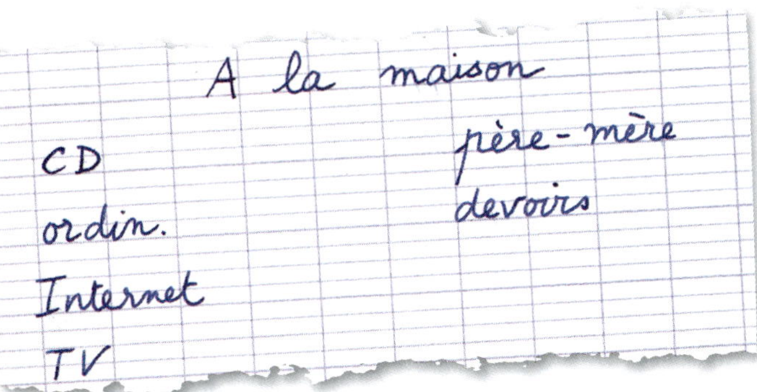

b A toi! Prépare un aide-mémoire et pratique ton exposé.

4

Tu joues avec qui?

Learning objectives

Discussing how often you do certain things and with whom (at home)
Regular *-er* verbs in the present tense with *je* and *tu*
Introduction to adverbs of frequency
Writing longer sentences
Pronunciation: *é* sound + other vowel sounds (eXpress)

1 **a** Traduis **1–7** à l'aide d'*AnneXe* pp 32–43.

b Apprends à prononcer **8–14**.

1 souvent - *often*	**8** **joue** – comment -> **sou**vent
2 quelquefois	**9** appe**lle** – unique – tr**o**is -> que**l**quefois
3 rarement	**10** cahier – comment -> rarement
4 copain	**11** corrige – cinq -> mon **co**pain
5 seul	**12** s**œ**ur -> **seul**
6 chien	**13** **ch**erche – bien -> mon **ch**ien
7 copine	**14** corrige -> ma **co**pine

2 **a** Ecoute les dialogues **1–8** et fais des gestes.

 = souvent  = quelquefois  = rarement

b Réécoute les dialogues et choisis les photos.
Exemple 1c

a 

b 

c 

d 

e

f 

g 

h 

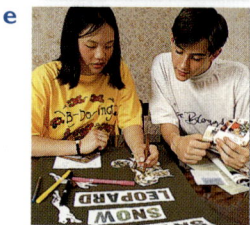

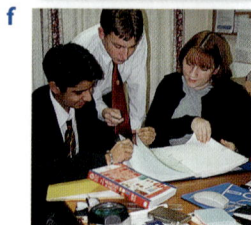

3 Chante: c'est super pour la mémoire et la prononciation!

Je travaille avec mon père,
Ohé! Ohé!
Je travaille avec ma mère,
Ohé! Oh, là, là!

Et j'aide mon frère,
Ma sœur et mes copains.
Ah oui, mais je joue quelquefois,
Hip, hip, hip, hourra!

4 Ecoute les questions **1–8** et trouve les réponses (**a–h**).

a Oui, et je regarde souvent la télévision.
b Moi, non. Tu as un ordinateur, toi?
c Non, mais j'aide quelquefois mon père.
d Non, je joue souvent avec mon chien.
e Non, je travaille rarement à la maison.
f Oui, et souvent avec mes copines!
g Mais non! Je suis fils unique!
h Oui, avec ma sœur ou ma demi-sœur.

grammaire

5 Les verbes. . .

Recopie et complète **1–4** à l'aide d'*Annexe* p 58.

1) Je joue — Tu jou__
2) Je travaille — Tu travaill__
3) Je regarde — Tu regard__
4) J'écoute — Tu écout__

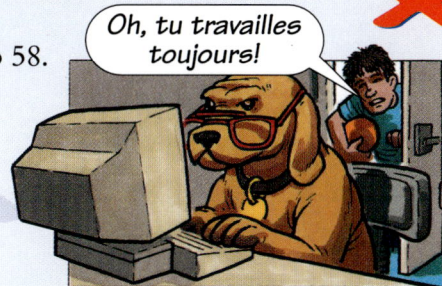

Oh, tu travailles toujours!

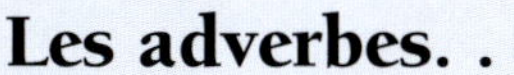

Les adverbes. . .

5) 'Often', 'sometimes' and 'rarely' are: **a)** verbs **b)** adverbs **c)** nouns
6) I often play = Je j . . . s . . . . . .
7) You sometimes help = Tu a . . . . q . . . .
8) I rarely watch TV = Je r . . . . . . r . . . . la télé

You have just discovered two things:

- Verbs ending in *-e* with *je* or *j'* end in **-es** with *tu* (→ e*X*po).
  This is different from English, where most verbs end in **-s** when they are used with 'he' or 'she' instead.
  Not all French verbs follow the *-e/-es* pattern, though. Examples:
  je fais/tu fais   j'apprends/tu apprends   j'ai/tu as   je suis/tu es
- When you use adverbs in French, the word order in sentences is different.

6 *Challenge*

a Regarde, écoute et répète **1–5**.

1 J'apprends mes leçons.
2 **A la maison**, j'apprends mes leçons.
3 A la maison, j'apprends **souvent** mes leçons.
4 A la maison, j'apprends souvent mes leçons **avec ma demi-sœur**.
5 A la maison, j'apprends souvent mes leçons avec ma demi-sœur **et mon père**.

b Pratiquez à deux, avec un accent super!

c Adapte la phrase 5: change des mots et écris six ou sept longues phrases.

d Apprends à manipuler des phrases avec la feuille 2B.

...reinforcement...recycling...extension

Learning objectives

Language consolidation
Introduction to infinitives (-*er*)
Listening to longer passages
Speaking for longer
Pronunciation practice

1 Révision

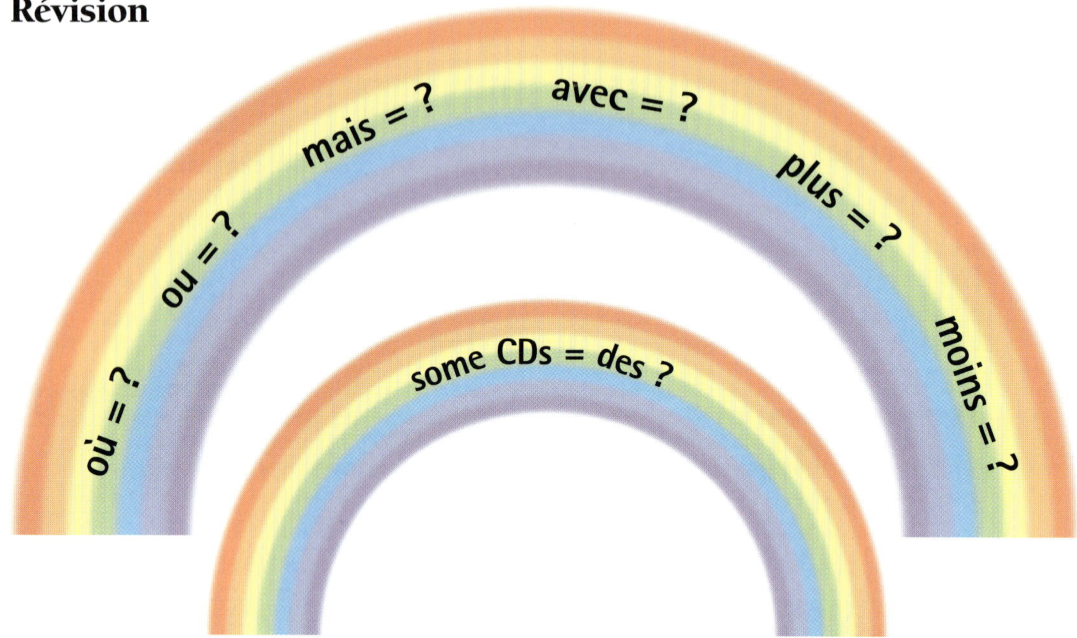

2 Grammaire + glossaire: l'infinitif

a Dans le glossaire *AnneXe* p 35, tu trouves **écoute**? **écoutes**?

b Dans le glossaire *AnneXe* p 47, tu trouves **listens**? **listened**? **listening**?

c Mystère?. . . Lis *message X*!

d Traduis **1–8** à l'aide du glossaire *AnneXe* pp 32–43.
Exemple 1 You start!

1. Tu **commences**!
2. Je **réécoute** souvent ma cassette.
3. Tu **cherches** une photo?
4. Tu **changes** de rôle!
5. Je **cache** des dessins.
6. Je **vérifie** rarement.
7. Je **continue** avec toi.
8. Tu **devines** seul?

message X

- In English glossaries or dictionaries, what you will find is **listen** (as in '**to** listen'). This is called the **infinitive** of the verb.
- In French too what you find is the **infinitive**, and not the other spellings. In this case, what you would see is *écouter* (to listen).
- In English, the infinitive is indicated by the use of **to**. In French, it shows by the verb ending. Most French infinitives end in *-er*, like *écouter*. We call them *-er* verbs.

J'écoute bien

Lis l'information, regarde le dessin et écoute Marc.

C'est vrai? Silence. C'est faux?

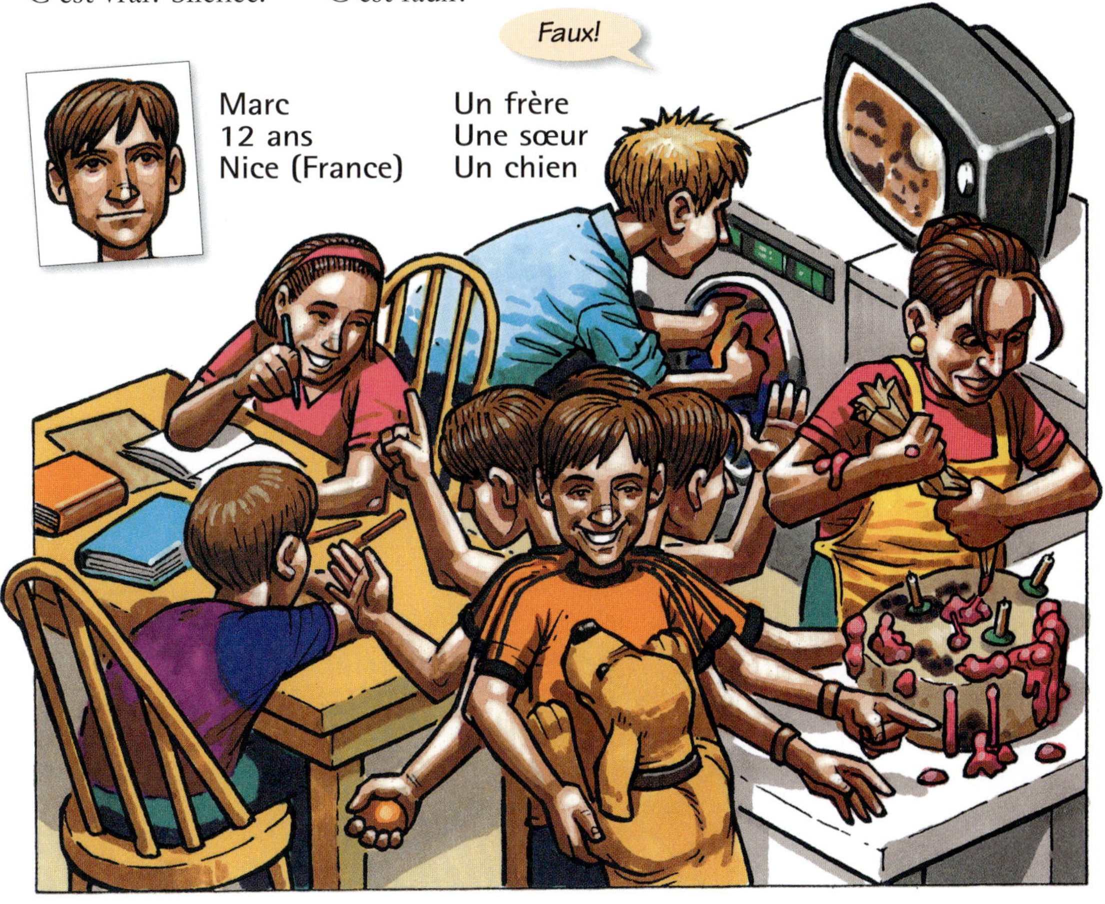

4 *Challenge* X – Au choix

Imagine: tu es Marc (activité 3).
Objectif: parler au maximum et hésiter au minimum.

a Ecoute Justine. Elle donne (gives) un maximum de détails personnels, et Sébastien compte (counts) les détails.

b A deux, à tour de rôle, donnez un maximum de détails personnels (1 minute par personne).

5 *Challenge* X

Fais la feuille 3B.

4

Jeu

Trouve l'intrus (the odd one out).

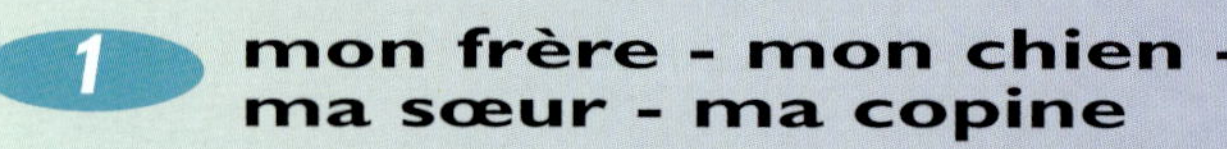

1. **mon frère - mon chien - ma sœur - ma copine**
2. **un détective - un scanneur - un modem - un surfeur**
3. **un western - un documentaire - un reporter - un film**
4. **écrire - noter - regarder - recopier**
5. **une télévision - un ordinateur - un toasteur - une caméra vidéo**

Info 1

En France, la télévision a six chaînes principales: TF1, France 2, France 3, Canal+, La 5e (Arte) et M6. Il y a aussi des chaînes par satellite, par exemple: Planète, Paris Première, Eurosport, Ciné Cinéma, Disney Channel. . .

Record! En France, une famille organise une fête exclusivement pour la famille. Total: 400 personnes!

Carte

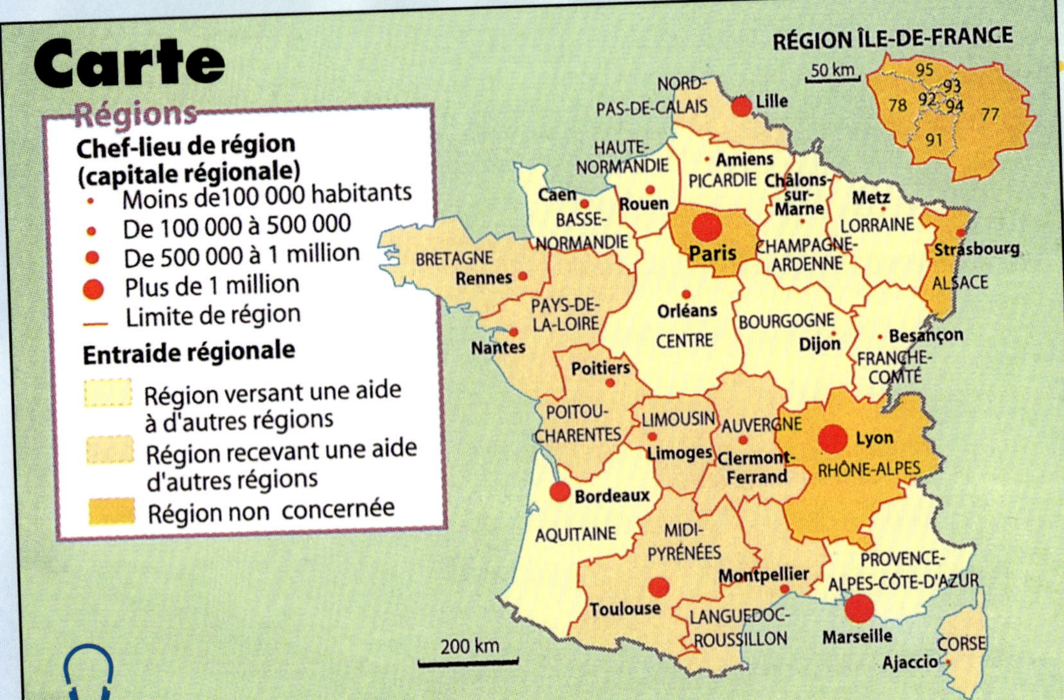

Info 2

un écran
un lecteur de disquettes
une imprimante
un lecteur de CD-ROM
un clavier
une disquette
un CD-ROM
une souris

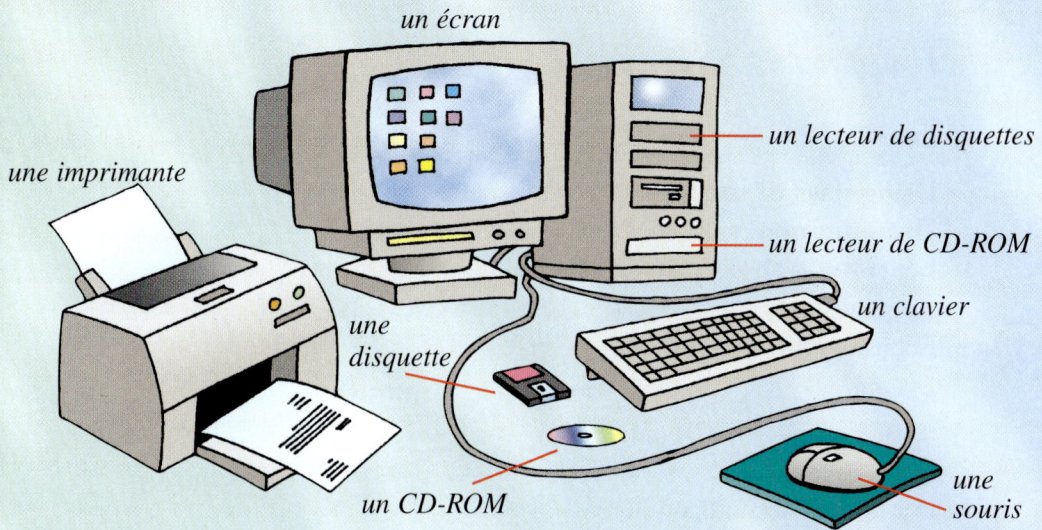

There are fewer PCs in France than in the UK, but France is now catching up fast. Using the Internet is also becoming more popular, and the number of people on-line is growing all the time!

BD

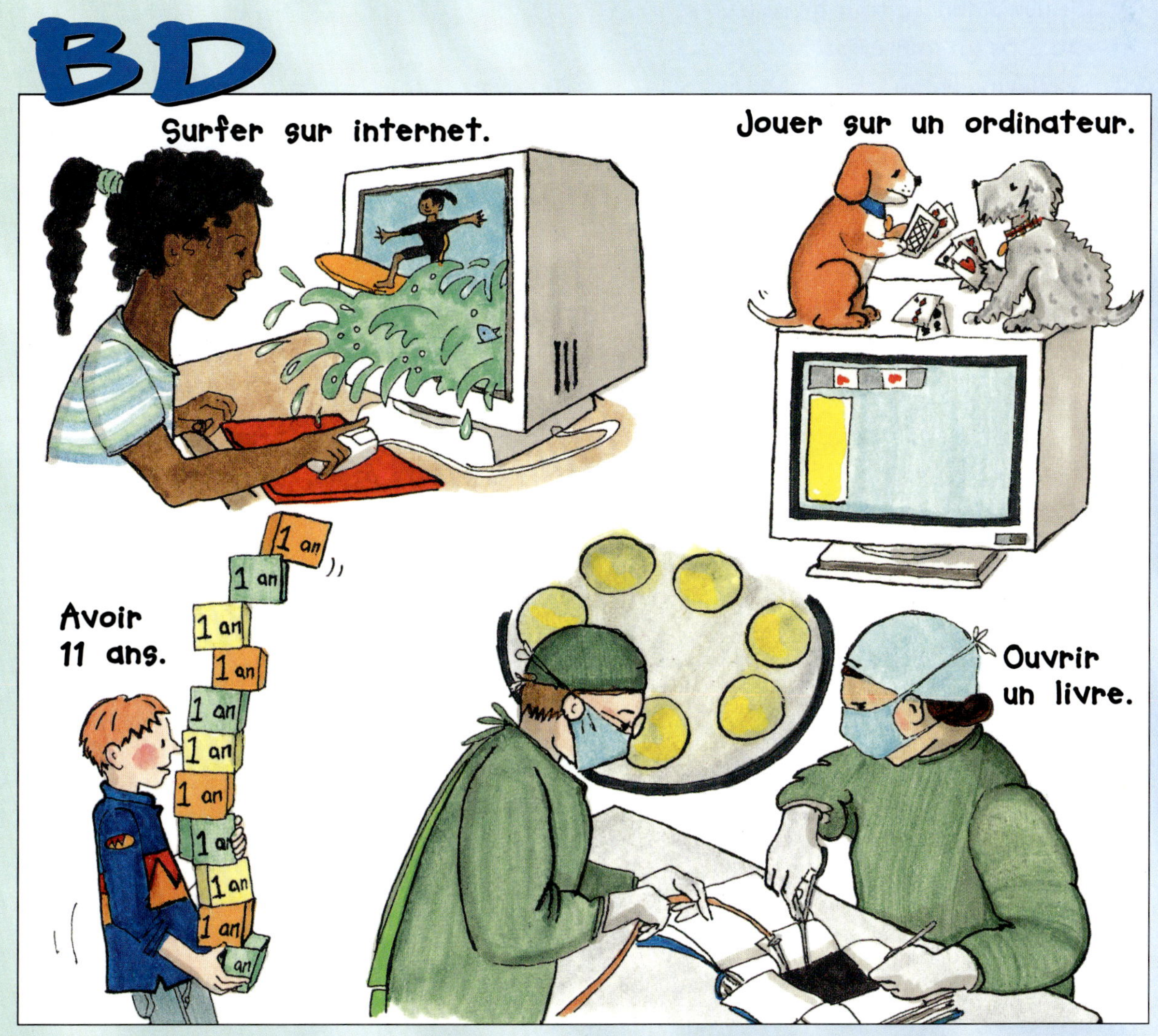

Lundi, mardi. . .

Learning objectives

Using days of the week
Using numbers up to 31
Learning a short passage by heart

1 **a** Ecoute et montre le jour (the day).
Exemple

Mardi

lundi mercredi samedi
mardi jeudi dimanche
vendredi

b Pratiquez l'activité **a** à deux.

c Regarde l'exemple et pratiquez à deux:

Jour cinq?
Vendredi!

2 Jouez à deux, à tour de rôle (in turn).
A: écris un jour en secret.
B: devine le jour.
Exemple

B C'est mardi aujourd'hui?
A Non, ce n'est pas mardi.
B C'est jeudi?
A Oui, c'est jeudi. A moi!

3 Invente un texte pour le dessin.

4 Ecoute le poème, et pratique oralement.

Au collège

Moi, je n'aime pas lundi,
Mais mardi? Oui, ça va.
Mercredi. . . oh, c'est long!
Jeudi? Bof, oui et non.
Vendredi: c'est fini!
Salut, samedi!
Salut, dimanche!

5 *Challenge*

a Apprends le poème.

b Ecris un poème.

message X

To learn the poem, you could rewrite it like this:

Moi, je n'aime pas lundi,
→ M_ _, j_ n'a_ _ _ p_ _ l_ _ _ _,

. . . then use this 'skeleton' poem until you know the poem by heart!

 Les nombres 21–31, ça va? Ecoute et chante!

Je compte, tu comptes, comptez, comptez:
Vingt, vingt et un, vingt-deux, vingt-trois!
Comptez, comptez, les jours, ça passe:
Vingt-quatre, vingt-cinq, vingt-six, vingt-sept!
Les jours, ça passe, très vite, très vite:
Vingt-huit, vingt-neuf, trente, trente et un!
Les jours, ça passe, très vite, très vite:
Vingt-huit, vingt-neuf, trente, trente et un!

 Ecoute et répète le plus grand (the biggest) nombre.

Exemple

Vingt-sept; dix-sept — *Vingt-sept!*

 Ecoute et trouve les réponses.

Exemple

Un plus vingt. . . — *. . . vingt et un!*

 Regarde l'extrait de calendrier (décembre). Regarde l'exemple et pratiquez à deux.

Exemple

– Le 24?
– C'est un vendredi.

12 Ste Chantal	19 St Urbain	26 St Etienne	D
13 Ste Lucie	20 St Abraham	27 St Jean	L
14 Ste Odile	21 St Pierre	28 Sts Innocents	M
15 Ste Ninon	22 HIVER	29 St David	M
16 Ste Alice	23 St Armand	30 St Roger	J
17 St Gaël	24 Ste Adèle	31 St Sylvestre	V
18 St Gatien	25 NOËL		S

message X

In the French calendar, there is a Saint's Day for each day of the year, but many of the saints' names on it are no longer used. Relatives sometimes send cards or say 'Bonne fête!' (Happy Saint's Day!) to people on their Saint's Day, but this is a dying tradition as so many modern first names aren't mentioned in the calendar.

5

Quelle est la date?

Learning objectives

Asking for and giving the date
Special dates in France
Learning grammar through comparison with English

1 Trouve et recopie les 12 mois (months) dans l'ordre chronologique: janvier. . .

ao	in
ma	vier
novem	vrier
fé	ût
ju	tembre
av	rs
oc	bre
sep	let
dé	ril
jan	i
juil	tobre
ma	cembre

2 **a** Regarde les photos **a–f**. Devine le mois (the month).

Exemple: a février

janvier
février
mai
juillet
septembre
octobre

b Ecoute l'information (professeur). C'est intéressant?

OCCASIONS SPÉCIALES EN FRANCE.

a Mardi-Gras

b Les vendanges

c La Fête Nationale

d L'Épiphanie

e La rentrée

f La Fête des Mères

3 *Challenge* 

Ecoute **1–5** et trouve l'occasion spéciale (photos **a–f** p 48).

message

Before you listen, look again at **a–f**. This will help you select the correct answers more easily once you listen to the cassette.

4 **a** Ecoute les dates (professeur). C'est. . .

 avant (before) le 15 juillet?

 après (after) le 15 juillet?

b Pratiquez à deux.

grammaire

Quelle est la date?

- Regarde la différence:
  C'est le 14 décembre.
  C'est vendredi 14 décembre.
- Compare avec l'anglais:
  C'est le 1er décembre. (premier = first)
  C'est le 2 décembre. (deux)
  C'est le 3 décembre. (trois)

5 **a** Ecris dix dates.

Exemple *mardi 4 mai*
jeudi 8 avril
. . .

b Recopie les dates de ton/ta partenaire dans l'ordre chronologique.

c Vérifiez à deux.

6 Regarde l'information. Ecris les dates des vacances scolaires (school holidays).

Exemple
jeudi 1er juillet → dimanche 5 septembre

Je m'appelle Yannick. J'habite à Limoges. Regarde mes dates de vacances! C'est bien, le collège en France, non?

jeu. 1/7 → dim. 5/9
dim. 31/10 → dim. 7/11
dim. 19/12 → dim. 2/1
sam. 5/2 → dim. 20/2
ven. 31/3 → dim. 16/4
ven. 23/6 → lun. 26/6

5 Tu as dessin le mardi?

Learning objectives

Describing your school timetable and asking others about theirs
Training short-term memory
Pronunciation: *i* sound + other vowel sounds (*eXpress*)

1 Regarde les dessins **a–k** et trouve les matières (the school subjects).
Exemple: a 7

a

b

c

d

e

f

1 informatique
2 techno(logie)
3 géo(graphie)
4 musique
5 sciences
6 français
7 histoire
8 anglais
9 dessin
10 maths
11 sport

g

h

i

j
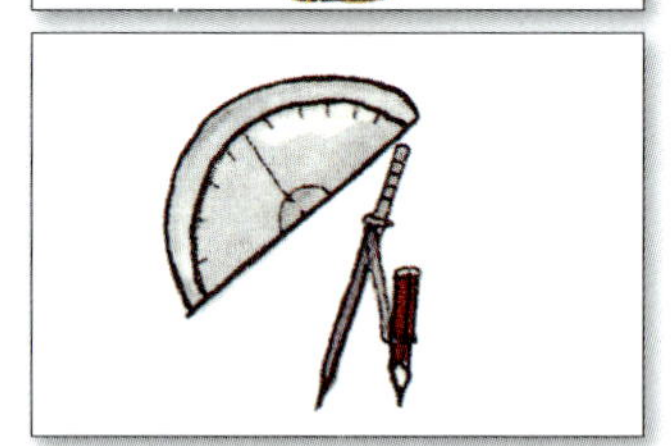

k

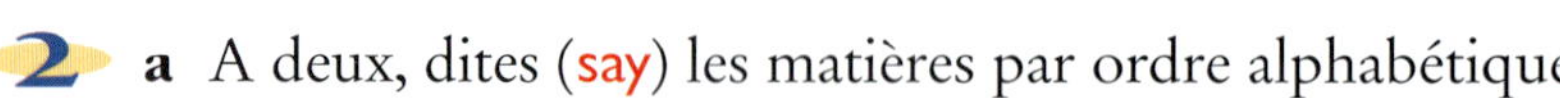

2 **a** A deux, dites (say) les matières par ordre alphabétique.

b Recopie les matières par ordre de préférence.

c Comparez vos préférences à deux: c'est très différent?

Ah oui! | Oui. . . | Bof, oui et non | Bof, non | Oh, non!

d A deux, à tour de rôle, dites un minimum de six matières de mémoire.

3 Ecoute les groupes de trois matières (**a–h**), regarde p 50 et écris les numéros.
Exemple Sciences, histoire, dessin → *5, 7, 9*

4 Pratiquez oralement à deux avec la feuille 2.
Exemple

Tu as sciences le mardi?

Le mardi? Non, je n'ai pas sciences. Zéro! Tu as maths le mercredi?

Le mercredi? Oui, j'ai maths. Un point! Tu as. . .

5 Compare l'information **1–6** avec la feuille 2: rôle **A** ou rôle **B**?
Exemple: 1A

1 Le mardi, j'ai sciences mais je n'ai pas dessin.

2 Le mardi, j'ai informatique et français mais je n'ai pas géographie.

3 Le jeudi, j'ai anglais et histoire. Ça, c'est super! Mais en plus, j'ai maths et sport, et c'est nul!

4 J'ai géographie le vendredi. C'est très bien. En plus, j'ai sciences et français (super!). Mais anglais, non, ce n'est pas le vendredi.

5 Le lundi, j'ai dessin mais je n'ai pas musique. En plus, j'ai histoire-géo. Et maths. . . et anglais. . . Oh! J'ai souvent maths!

6 Je travaille le samedi. Et toi? Moi, je trouve ça nul. Mais je ne travaille pas le mercredi. Le samedi, je voudrais dessin ou musique, mais j'ai maths. En plus, j'ai français et sciences: bof, ça va.

message X

Watch out for the word *pas*. What does it tell you?

6 Et toi? Ecris des phrases sur ton emploi du temps (your timetable).

Glossaire

Spanish = espagnol
German = allemand
PSE = éducation civique et sociale
RE = éducation religieuse

message X

You can, for example, adapt the sentences from activity 5 by changing the days and the subjects.

5

...reinforcement...recycling...extension

Learning objectives

Roundup on questions
Understanding more complex questions
Looking up infinitives (*-er*/*-re*)
Introduction to using a bilingual dictionary
Pronunciation practice (*eXpress*)

1 Grammaire

a 'Monday, Tuesday. . .': lettres majuscules (capital letters) en français? Oui ou non?

b 'January, February. . .': lettres majuscules en français? Oui ou non?

c 'On Mondays' (pluriel) = ?

d Recopie les phrases en deux listes: positif/négatif.

message 

This activity will help you take stock of some useful words and phrases you have come across so far.

C'est mardi aujourd'hui. Je n'ai pas anglais. Je n'ai pas de sœurs.
Tu as français aujourd'hui. Je ne sais pas.
J'ai un demi-frère. Tu travailles souvent. Je n'ai pas de gomme.

2 Questions et réponses

Pratiquez à deux, à tour de rôle.
A: dis une question.
B: réponds vite, vite, vite!
Exemple
A – Tu as maths le lundi?
B – Non, j'ai maths le mardi et le jeudi.
(ou:) *Non, je n'ai pas maths le lundi.*

1. Tu as maths le lundi?
2. Quelle est la date?
3. Tu t'appelles comment?
4. Tu as des frères?
5. Ça va?
6. C'est jeudi aujourd'hui?
7. Tu habites où?
8. Qu'est-ce que tu fais à la maison?
9. Tu as une règle?
10. «Angleterre», ça s'écrit comment?

Challenge X

Suggestions:
– pose (ask) les questions dans le désordre.
– change les questions. Exemple: Tu as une règle? → Tu as un carnet?
– réponds (answer) avec cinq secondes d'hésitation maximum.

3 Réponses et questions

Ecoute les réponses. . . et dis les questions!

4 *Challenge* 

Pratique oralement avec la feuille 3A.

5 Instructions

Traduis **1–8** en anglais à l'aide des instructions pp 50–51.

Exemple
1 dites = say

1	dites	**5**	échange
2	par ordre alphabétique	**6**	devine
3	à tour de rôle	**7**	dis
4	les numéros	**8**	réponds

C'est simple! Dis les dialogues, écris les numéros, échange avec ton partenaire, devine les réponses, traduis et pratiquez à tour de rôle. Ça va?

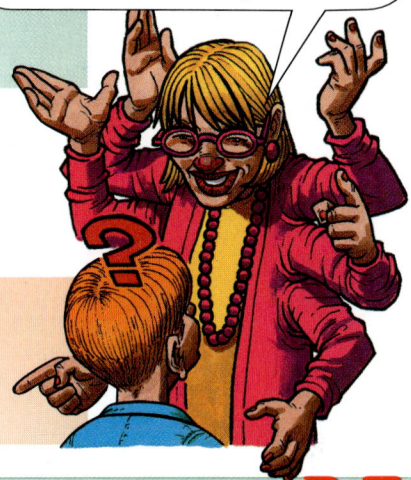

6 Grammaire + glossaire: l'infinitif

Fais **1–8** à l'aide du glossaire *AnneXe* pp 32–43.

Exemple 1 dis ↔ dire (to say)

1	dis	**5**	apprends
2	échange	**6**	fais
3	devine	**7**	lis
4	réponds	**8**	écris

message X

- What you have to provide here is the infinitive of verbs **1–8**.
- As we learned in the last unit (see activity 2, p 42), most infinitives end in *-er*. Here, however, you'll find that some infinitives end in *-re* instead.

7 Dictionnaire

Introduction au dictionnaire: travaille avec le professeur.

8 *Challenge X*

a Recopie et complète le message électronique avec:

c'est j'ai mes as une toi en n'ai merci voilà et le

```
Salut et ____ pour ton message: ____ ma réponse.

1) Oui, ____ vrai, je travaille ____ samedi. J'ai sport ____
   histoire-géo.

2) Le mercredi, ____ France, c'est super, non? ... Mais je
   fais ____ devoirs!

3) Non, moi, je ____ pas techno, mais ____ latin. Pas ____?

Ah, ____ question! Tu ____ poterie? Réponds vite!
```

b Vérifie avec la cassette.

Multimédia: «@près l'école» *(after school)*

Qu'est-ce que c'est? C'est un site Internet avec des programmes pour les 10–12 ans.
Excellent: le «magazine», avec des informations et des graphismes superbes.
Important: le site change le mardi (information; activités différentes. . .).

Info 1

- Pupils have more lessons in France, and depending on their timetable, they may have to go to school on Saturday mornings. During their first four years at secondary school, however, pupils have Wednesday off.
- Teachers set more homework in France, but they rarely collect it in. Instead, they often do spot checks or corrections with the whole class.
- Pupil absences are strictly controlled. If possible, pupils must ask permission in writing first, even to go to a family wedding. Pupils rarely go to the doctor's in school hours and hardly ever have family holidays in term time.

Info 2

- Dans les collèges et les lycées français, les assemblées et le *tutor time* n'existent pas.
- En classe, les activités à deux ou en groupes sont plus rares: on écoute, on répète, on écrit et on donne des réponses orales individuelles.

texto

Poème

«Ecoutez: c'est une craie!» dit le professeur.
«Une craie!» répète la classe.
«Ecrivez: C-R-A-I-E!» dit le professeur.
«C-R-A-I-E, craie!» écrit la classe.
«Une craie, deux craies!» explique le professeur.
«Deux craies, avec un -s!» répond la classe.
Lundi, français... mardi, français. . .
Mais la craie voudrait s'évader.
C. . . comme Canada
R. . . comme Roumanie
A. . . comme Amérique
I. . . comme Italie
E. . . comme excitant. . . excentrique. . . extravagant!
Ah! Ça va mieux!

Info 3

Après la révolution, de 1793 à 1799, la France adopte un calendrier différent: le calendrier républicain.

1) Vendémiaire (<-> vendange, *wine harvest*): 20 septembre – 21 octobre
2) Brumaire (<-> brume, *mist*): 22 octobre – 21 novembre
3) Frimaire (<-> frimas, *fog*): 22 novembre – 21 décembre
4) Nivôse (<-> neige, *snow*): 22 décembre – 21 janvier
5) Pluviose (<-> pluie, *rain*): 22 janvier – 21 février
6) Ventôse (<-> vent, *wind*): 22 février – 21 mars
7) Germinal (<-> germer, *to germinate*): 22 mars – 21 avril
8) Floréal (<-> fleur, *flower*): 22 avril – 21 mai
9) Prairial (<-> prairie, *meadow*): 22 mai – 21 juin
10) Messidor (<-> moisson, *harvest*): 22 juin – 21 juillet
11) Thermidor (<-> (grec) *heat*): 22 juillet – 21 août
12) Fructidor (<-> fruit, *fruit*): 22 août – 21 septembre

(Dates approximatives)

Mes animaux 6

Tu as un animal à la maison?

Learning objectives

Saying what pets you have and asking others about theirs
Irregular nouns in the plural
Constructing more complex sentences

1 **a** Ecoute le professeur et dis la lettre (photos **a–j**, pp 56–57). Vite, vite, vite!

b Ecoute le professeur et dis l'animal.

c Pratiquez **a** et **b** à deux ou plus.

d Ecoute **a–j**, regarde les photos, et écris 1 ou 2.
Exemple Photo **b**. Un: un lapin. Deux: une souris. *b 1*

2 Ecoute **1–12**. Animal: oui ou non?
Exemple 1 J'ai une souris → *Oui*
2 Je n'ai pas de chien → *Non*

3 Recopie les animaux par ordre de préférence.

une tortue | un lapin | un chien | un chat
une gerbille | un oiseau | un cobaye
une souris | un poisson | un hamster

a

b

f

c

g

grammaire

4 Noms: pluriels–irréguliers

Un chien . . . deux chien*s* . . . des chien*s*
Une tortue . . . cinq tortue*s* . . . des tortue*s*
Mon poisson . . . trois poisson*s* . . . mes poisson*s*

Do you remember? You need to add -s in the plural.

Un oiseau . . . deux oiseau*x* . . . des oiseau*x*
Ma souris . . . six souris . . . mes souris

Oiseau and *souris* are exceptions. Make sure you learn them.

Don't be too surprised by exceptions . . . English has them as well! For example:

One dog . . . two dogs . . . but . . . One sheep . . . two **sheep**
One mouse . . . two **mice**

5 Recopie **1–8** correctement.
Exemple 1 *J'ai un chien et une gerbille.*

1 **J'** et chien ai une un **gerbille.**
2 **J'** tortue un une aussi et ai **oiseau.**
3 **Je** de ai pas n' **hamster.**
4 **Moi,** n' d' je ai pas **animal.**
5 **Et** et as une quatre tu toi, tortue **souris?**
6 **Je** rarement avec joue mes **animaux.**
7 **Je** quelquefois télé mes regarde avec la trois **chats.**
8 **Je** ai animaux je des pas d' n' mais voudrais **poissons.**

6 Tu as des animaux? Fais un poster!

d

e

j

h

i

Mon chien est bête!

Learning objectives

Saying what your pets are like
Regular adjectives in the plural
Speaking from notes
Recognising 'look-alikes' in listening (*eXpress*)

1 Fais correspondre **1–5** avec les dessins **a–e**.

1 drôle
2 bête
3 rapide
4 calme
5 féroce

2 Recopie la grille. Ecoute **1–10** et complète ta grille.

	bête	calme	drôle	féroce	rapide
1			*mon chat*		

3 Lis le texte et prends des notes.

Exemples *1 mes chats: calmes* ✔
2 mes poissons: rapides ✘

Mes chats sont calmes, très calmes. Mes poissons ne sont pas rapides. Ma tortue est drôle mais mes chiens sont souvent bêtes. Ma gerbille est rapide et mon hamster n'est pas féroce! Mes souris sont calmes. Mes oiseaux sont bêtes et mon lapin n'est pas drôle. Ah! Et mon cobaye est quelquefois très, très rapide.

grammaire

4 Adjectifs

a Trouve les adjectifs:

1 dog fierce funny is fish aren't
2 calme souris pas féroce chien

An adjective is a word that describes what something or someone is like.

b Regarde la différence anglais–français:

My cat is **funny**. My cats are **funny**.
Mon chat est **drôle**. Mes chats sont **drôles**.

In English, adjectives stay the same in the plural. In French, you add *-s*.

Verbes

Fais correspondre **1–4** avec **a–d**, à l'aide de la lettre p 58.

1 est **2** n'est pas = **a** isn't **b** are
3 sont **4** ne sont pas **c** aren't **d** is

A toi!

Fais un maximum de phrases (oral → écrit).

Mon Ma Mes	lapin(s) gerbille(s) oiseau(x) poisson(s) tortue(s) chat(s) hamster(s) cobaye(s) chien(s) souris	est n'est pas sont ne sont pas	calme calmes féroce féroces drôle drôles rapide rapides bête bêtes

5 **a** Tu as des animaux? Ecris un paragraphe.

b Imagine: tu as beaucoup (many) d'animaux.
Prépare des notes pour un exposé oral (1 minute minimum).

Exemples

A la maison, j'ai 15 animaux! Mes deux chiens sont drôles, mais. . .

Tu aimes les animaux?

Learning objectives

Asking others what their pets are like
Sharing opinions about pets
Using possessives: *ton/ta/tes*
Using questions in new contexts
Pronunciation: *o* **sound + other vowel sounds (*eXpress*)**

1 **a** Complète **1–8** avec l'aide de **a–h**.

1 Tes chiens sont avec qui?
2 Ton chien est où?
3 Tu travailles avec ton chat?
4 Tu joues souvent avec tes hamsters?
5 Tu fais tes devoirs avec ta tortue?
6 Ton chien est à la maison?
7 Je voudrais tes poissons, s'il te plaît.
8 Ça va, ton hamster?

a Avec mes hamsters? Non, rarement.
b Non, en Ecosse avec mon père.
c Ah non! Désolé!
d A la maison, avec mes frères.
e Avec ma sœur.
f Mes devoirs? Mais non, c'est faux!
g Ah, oui, ça va très bien!
h Oui, quelquefois.

b Corrige à l'aide de la cassette.

grammaire X

2 **Mon chien. . . ton chien. . .**

a Réponds à l'aide de **1–8** et **a–h**.
my = ?, ? ou ?
your = ?, ?, ou ?

b Complète avec **féminin, pluriel** ou **masculin.**
mon/ton + nom ?
ma/ta + nom ?
mes/tes + nom ?

c Pratique *mon/ma/mes* et *ton/ta/tes* avec la feuille 1.

Some parts of **a** and **b** are new, but you have met the other parts before.

Activity 1 showed you that you can combine words from Units 1–6 in many different ways.

3 Pratiquez à deux, à tour de rôle.

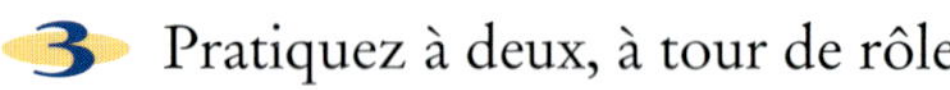

A – Improvise des questions sur les animaux. Commence avec: *Ton/Ta/Tes. . .*

B – Improvise des réponses négatives.

message X

Attention!
Mon/ma/ton/ta. . . + est/n'est pas. . .
Mes/tes. . . + sont/ne sont pas. . .

A

Ton chien est calme?
Non, mon chien n'est pas calme.

B

Tes oiseaux sont drôles?
Non, mes oiseaux ne sont pas drôles.

4 Improvisez des dialogues à deux. *Exemple:* **– *Tu préfères les lapins ou les hamsters?***
– *Je préfère les lapins. Et toi?*
– *Moi, je préfère. . .*

5 **a** Ecoute:  ou ?

b Recopie les expressions: 

Je n'aime pas	Je n'aime pas beaucoup	J'aime	Je n'aime pas du tout
J'adore	J'aime beaucoup		

6 **a** Regarde le message 15 secondes. Tu trouves 10, 12 ou 14 noms d'animaux?

b Lis le message et écoute Lucie. Tu trouves trois, quatre ou cinq erreurs?

c Lis le message une minute → répète les opinions de mémoire.

Exemple ***Lucie dit: J'aime les oiseaux.***

Moi, j'aime beaucoup les chats mais je préfère les chiens. Je n'aime pas du tout les gerbilles et les hamsters. Les poissons, ça va, et les oiseaux, j'aime les oiseaux. Les lapins, ah oui, j'adore les lapins ... et les tortues : c'est calme, c'est bien. Mais les souris, non, je n'aime pas les souris : c'est nul ! Et les cobayes ? Ah, ça, je n'aime pas beaucoup les cobayes. Désolée !

7 **a** Regarde les photos et écris une opinion par animal.
Exemple ***Je n'aime pas beaucoup les chiens.***

b Pose des questions dans la classe.
Ton objectif: trouver une personne avec trois opinions identiques à toi.

8 ***Challenge*** ✗

a En une minute, donne un maximum d'opinions personnelles sur les animaux.

b Ecris un paragraphe sur les animaux et toi.

message ✗

Paragraphe:
- regarde le modèle (activité 6)
- varie le vocabulaire
- attention à la ponctuation
- attention aux erreurs!

6

...reinforcement...recycling...extension

Learning objectives

Roundup of *un/mon/ton, une/ma/ta* **and** *des/mes/tes*
Grammar: negative sentences
Looking up simple French nouns in a dictionary
Pronunciation practice (*eXpress*)

1 Grammaire

a Compare:
'Cats' or 'some cats' = ? chats
'I like cats' = J'aime ? chats

With verbs of likes and dislikes (J'adore/J'aime/Je préfère. . .), use *les* instead of *des*. It's a rule!

b Prononciation identique:
J'**ai** un chien (I have a dog)
Mon chien **est** drôle (My dog is funny)

Tricky? To make sense of what you hear, concentrate on whole sentences, not just single words.

2 Dictionnaire

a Complète **1–6** avec **a–f**, à l'aide d'un dictionnaire.

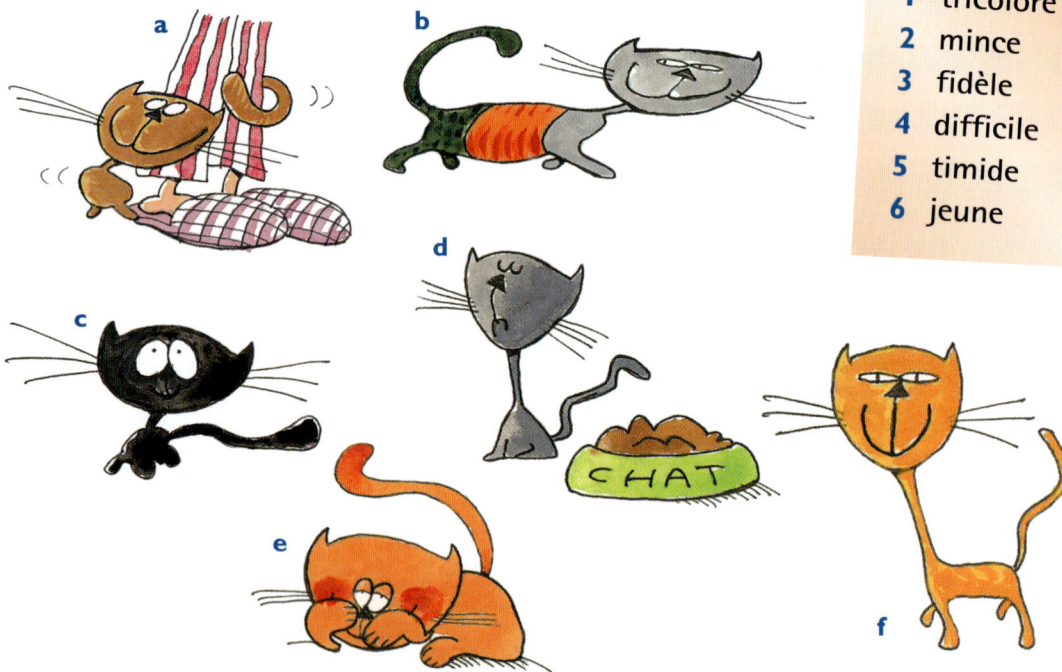

1 tricolore
2 mince
3 fidèle
4 difficile
5 timide
6 jeune

message **X**

How does your dictionary show that **1–6** are adjectives?

b Recopie et traduis (translate) **1–6** à l'aide d'un dictionnaire.

1 un perroquet	**3** un cochon	**5** un canard
2 un hérisson	**4** une chèvre	**6** une poule

3 Grammaire

Un/Mon/Ton   Une/Ma/Ta   Des/Mes/Tes

a Ecoute et répète avec des gestes.

Exemple

Un chien, mon chien, ton chien

Un chien. . .

Mon chien. . .

Ton chien. . .

b Ecoute et continue la liste, avec des gestes.

4 *Challenge* X

Complète **1–6** avec un mot ou plus.

1 Tu __ souvent avec ta __?
2 Tu __ un __ ou un __?
3 Tu __ les __ ou les __?
4 Je n'__ les __: je __ les __ .
5 Je __ rarement avec mon __ .
6 J'__ une gerbille mais je __ pas de __ .

message

Think carefully before you begin: what do you need to look out for?

grammaire

5 Phrases négatives

If the verb begins with a vowel or *h*, use *n' . . . pas*:

J'aime les animaux I like animals	→	Je **n'**aime **pas** les animaux I don't like animals
J'habite en France I live in France	→	Je **n'**habite **pas** en France I don't live in France

With other verbs, use *ne . . . pas*:

Je travaille souvent I often work	→	Je **ne** travaille **pas** souvent I don't often work
Tu joues avec ton chat? Do you play with your cat?	→	Tu **ne** joues **pas** avec ton chat? Don't you play with your cat?

Also, see what happens here with *de/d'*: *message X* p 27

Je n'ai pas **de** chats.
I haven't got any cats.

Je n'ai pas **d'**oiseaux.
I haven't got any birds.

Pratique avec la feuille 4.

Opinions

Réponds **A**, **B**, **C**, **D** ou **E** ➡ Comparez à deux.

Tu es. . .

1 **. . . acrobatique?**
2 **. . . admirable?**
3 **. . . aimable?**
4 **. . . bizarre?**
5 **. . . comique?**
6 **. . . féroce?**
7 **. . . honnête?**
8 **. . . irritable?**

A = Ah oui!
B = Souvent
C = Quelquefois
D = Bof, pas souvent
E = Rarement!

Jeu

Le dialogue est dans le désordre!

a Recopie les lettres dans le bon ordre: A; ?; ?; ?; ?.

A
– Tu sais, les chiens. . . il y a des célébrités!
– Ah, oui! A la télévision, au cinéma. . .
– Le chien de Tintin, par exemple. . .

B
– Oui, mais moi, je n'aime pas beaucoup les corgis.
– Un corgi. . . ça ressemble à une saucisse, non?

C
– Ah oui! J'adore Gromit! Et il est intelligent, tu sais!
– Et. . . la famille royale britannique a des chiens. . .

D
– Mais non! C'est un chat!
– Ah, oui! Et le chien de Wallace? Il est drôle, non?

E
– Oui. Minuscule mais dynamique! En France, il s'appelle Milou.
– Ah? Bizarre! Et le chien des publicités Whiskas?

b Vérifie à l'aide de la cassette.

Info 1

La France et les animaux:

- un animal: 51% des familles
- un chien: 28%
- un chat: 25%
- un poisson: 9%
- hamster, cobaye, etc.: 4%
- minimum deux animaux: 27%
- un chien + un chat: 44%

Un chien est capable de mémoriser 100 000 odeurs* différentes.

Un Australien, un Japonais et un Russe, en Sibérie pour filmer les animaux pour la télévision, bloqués pendant. . . six semaines*! La température? -30°C! Merci, l'hélicoptère de sauvetage*!

*odeurs *smells*
*semaines *weeks*
*sauvetage *rescue*

Ecoute!

Regarde le dessin et écoute. . . pour le plaisir!

Poème

Eléphant
Hippopotame
Crocodile
Ptérodactyle.
Dinosaure
Et brontosaure
Quel effort
énorme, énorme!

Info 2

Les animaux du monde

Proportion de chiens et de chats dans divers pays (pour 100 habitants) :

Chiens		Chats
21	Etats-Unis	23
18	Belgique	18
17	Irlande	11
13	FRANCE	14
12	Danemark	10
12	Finlande	10
11	Royaume-Uni	12
9	Espagne	8
9	Italie	11
9	Portugal	13
8	Pays-Bas	13
7	Autriche	17
7	Grèce	7
6	Allemagne	7
7	Japon	6

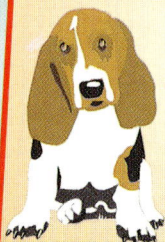

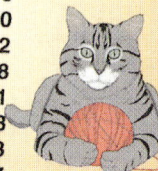

Qu'est-ce que c'est?

Learning objectives

Articles *le/la/l'/les* (classroom objects) **Recycling grammar**

a

b

c

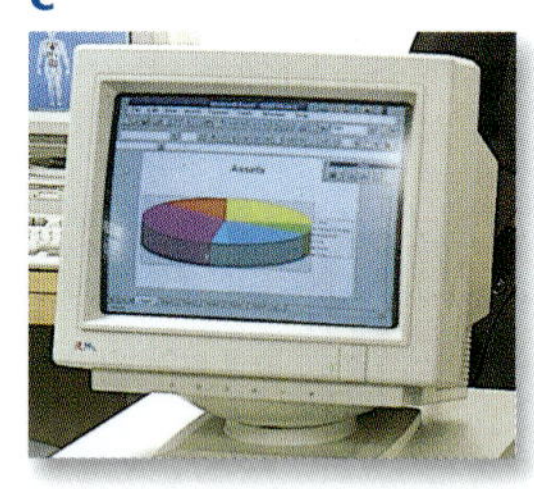

d

e

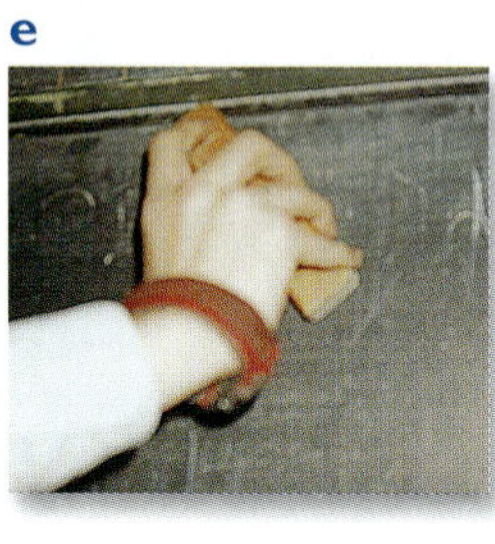

f

g

h

1

a Ecoute et regarde **a–j**.
C'est vrai: répète. C'est faux: corrige.

b Ecoute et montre les objets.

c Lis un mot (**1–10**), ferme les yeux et visualise l'objet.

i

j

1 le magnétophone **2** le tableau **3** la craie
4 l'ordinateur **5** la table **6** la chaise **7** la porte
8 la fenêtre **9** la brosse **10** l'écran

d Pratiquez l'activité **b** à deux.

e Fais correspondre **a–j** et **1–10**. *Exemple* *a = 1 le magnétophone*

f Cache **a–j** et écris **1–10** sans aide (without help).

1 la p_r_e **2** la t_b_e **3** la ch_ _ _e **4** la br_ _ _e
5 l'é_r_n **6** la _ _aie **7** la f_n_tr_ **8** le t_bl_ _ _
9 l'na/or/teur/di **10** le gné/ne/pho/ma/to

grammaire

2 le. . . / la. . . / l'. . . / les. . .

You remember ***un*** stylo, ***une*** gomme, ***des*** crayons. . .?
Activity 1 used different words.

a Complète **1–5** à l'aide du dialogue.

1. **le, la, l'** et **les** = ?
2. ? + nom masculin
3. ? + nom féminin
4. ? + nom pluriel (masculin ou féminin)
5. ? + nom singulier (masculin ou féminin) commençant par une voyelle (beginning with a vowel).

b Pratiquez le dialogue à deux.

c Adapte le dialogue: change les objets.

– Ah! Regarde! **Le** stylo!
– Tu as un stylo super à la maison.
– Et regarde **la** gomme Gromit!
– Bof, **les** gommes Gromit. . .
– Papa, s'il te plaît!
– Ah, toi! Tu préfères **le** stylo ou **la** gomme?
– Ben. . . les deux.
– Ah, non!
– Oh! Et regarde **l'**ordinateur!

3 Pratique **le, la, l'**, et **les** avec la feuille 1.

4 Ecoute et chante la chanson.

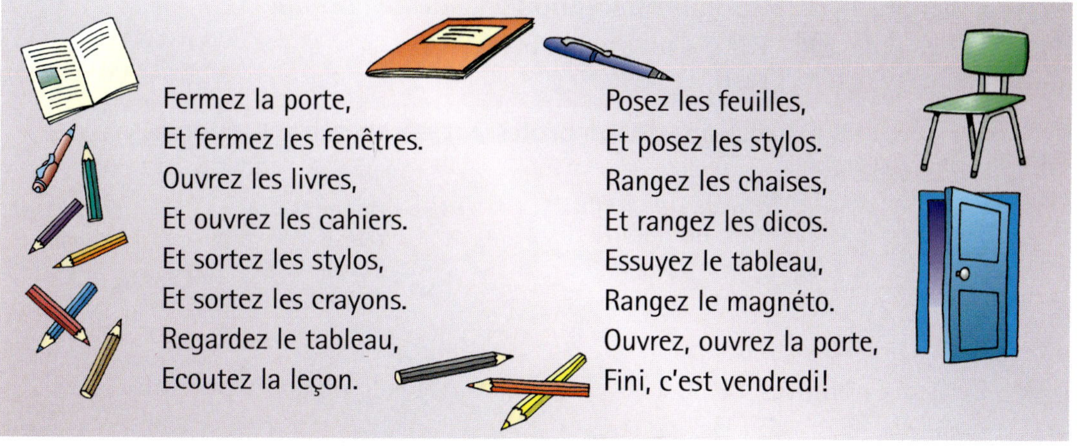

Fermez la porte,
Et fermez les fenêtres.
Ouvrez les livres,
Et ouvrez les cahiers.
Et sortez les stylos,
Et sortez les crayons.
Regardez le tableau,
Ecoutez la leçon.

Posez les feuilles,
Et posez les stylos.
Rangez les chaises,
Et rangez les dicos.
Essuyez le tableau,
Rangez le magnéto.
Ouvrez, ouvrez la porte,
Fini, c'est vendredi!

Comptez!

Learning objectives

Asking and saying in what rooms lessons are (numbers up to 69)
More on articles *le/la/les*
Learning grammar through comparison with English

1 **a** Ecoute et montre le nombre. Comparez à deux.
Exemple Cinquante

b Recopie les nombres dans l'ordre. Vérifie à l'aide de la cassette.

quarante dix vingt soixante cinquante trente

c Pratiquez l'activité **a** à deux, à tour de rôle: vite, vite, vite!

2 Jouez à deux, à tour de rôle.
Partenaire A: choisis un nombre de un à neuf.
Partenaire B: compte de dix en dix.
Exemple Trois! — Trois, treize, vingt-trois, trente-trois. . .

3 **a** Regarde **a–h** et change les nombres:

75

Exemple *a cinquante-deux (52)*

a 25 b 43 c 96 d 14 e 75 f 83 g 24 h 62

b Ecoute et change les nombres.
Exemple Trente-six (36)
Soixante-trois (63)!

4 **a** Ecoute **1–10**. Réponds **oui** ou **non** à l'aide de *Formule X*.
Exemple 1 Il y a un poème p 44?
Non

b Ecoute les instructions de ton professeur → cherche et réponds.
Exemple

Prof: Trouvez une page avec un poème.
Toi: Page quarante-six (46)!
Classe: Oui, c'est vrai.

5 Ecris dix nombres, de 30 à 60. Dis les nombres le plus vite possible.
Exemple *67 45 52. . .* etc.

a Lis le dialogue et devine.

1 C'est où? = ?

2 Salle = ?

– La musique, c'est où?
– C'est en salle quarante.
– Et l'histoire, c'est en salle vingt-cinq?
– Non, l'histoire, c'est en salle trente-cinq.

b Ecoute et apprends le dialogue.

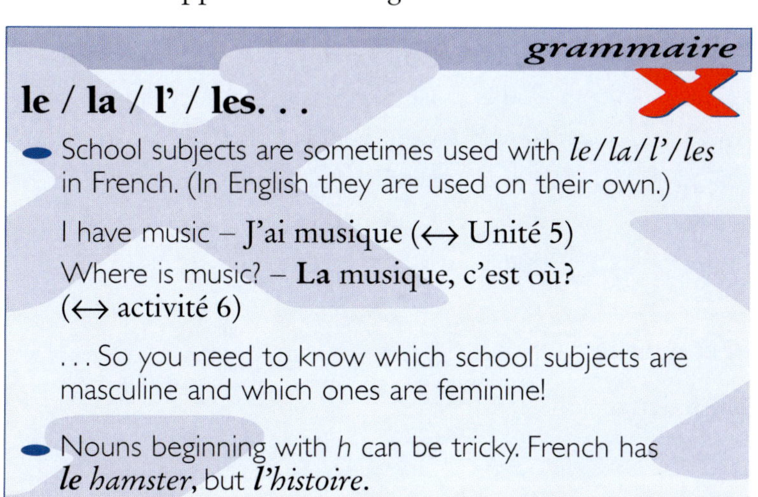

grammaire

le / la / l' / les. . .

- School subjects are sometimes used with *le/la/l'/les* in French. (In English they are used on their own.)

  I have music – **J'ai musique** (↔ Unité 5)

  Where is music? – **La musique, c'est où?** (↔ activité 6)

  . . . So you need to know which school subjects are masculine and which ones are feminine!

- Nouns beginning with *h* can be tricky. French has ***le hamster***, but ***l'histoire***.

c Ecris les matières p 50 en quatre colonnes, à l'aide d'un dictionnaire.

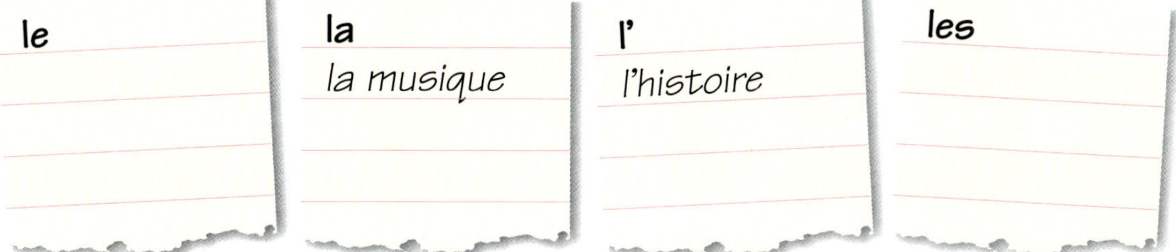

7 **a** Travaillez à deux avec la feuille 2A ou 2B.

Exemple

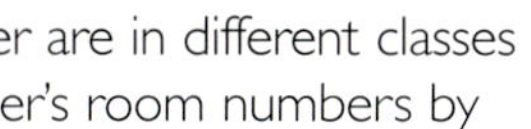

message

The idea is that you and your partner are in different classes and you have been given your partner's room numbers by mistake.

b Tu as l'information? Ecris 11 phrases.

Exemple *L'anglais, c'est en salle 33 (trente-trois).*

7

C'est à quelle heure?

Learning objectives

Asking and saying at what time lessons are
Coping with liaisons after numbers in listening and speaking

1

a Ecoute **a–l** et écris l'heure.
Exemple l 3h

b Regarde les paires et écoute en silence.

Une	Une heure	Sept	Sept heures
Deux	Deux heures	Huit	Huit heures
Trois	Trois heures	Neuf	Neuf heures
Quatre	Quatre heures	Dix	Dix heures
Cinq	Cinq heures	Onze	Onze heures
Six	Six heures	Douze	Douze heures

c Réécoute les paires et répète.

d Pratiquez oralement à deux.

2

a Complète **1–10** avec **a–j**.
Exemple 1d

a deux heures quinze
b dix heures cinq
c une heure
d trois heures dix
e douze heures trente
f cinq heures vingt
g six heures trente
h huit heures quarante-cinq
i onze heures vingt-cinq
j neuf heures cinquante-cinq

b Cache **a–j**. Ecoute, regarde **1–10** et dis le nombre.
Exemple Deux heures quinze

Numéro huit!

c Cache **a–j**. Regarde **1–10** et pratique de plus en plus vite.
Exemple 1

Trois heures dix.

Imagine. . .
Tu visites un collège français avec ta classe. Tu as dix mini-cours (mini lessons).

a Ecoute et prends des notes.
Exemple 9h00 histoire

b Comparez à deux.
Exemple

L'histoire, c'est à quelle heure?

C'est à 9h (neuf heures).

Euh. . . oui, ça va.

a Regarde et écoute les trois dialogues.

b Pratiquez les dialogues à deux.

c Apprends un dialogue au choix.

– Qu'est-ce que tu as à 8h30?
– A 8h30? Euh. . . J'ai techno.
– Tu as techno le mardi? Moi aussi!
– Et moi, j'adore la techno.

– C'est où, la salle 62?
– Je ne sais pas, moi!
– Oh zut, j'ai sciences. . .
– Ah, regarde: la salle 62. . . Voilà!
– Ah, super! Merci.
– Tu as sciences à quelle heure?
– A 3h30. Vite, vite, vite!
– Regarde: 3h20. Ça va!

– C'est à quelle heure, le sport?
– Le sport? Je ne sais pas. . .
– Ah oui! C'est à 9h40.
– Non, c'est le dessin à 9h40!
– Et le dessin, c'est où?
– C'est en salle 55.

a A deux, adaptez un dialogue (activité **4**) au choix.

b Pratiquez le dialogue oralement.

c Extra: fais la feuille 3.

...reinforcement...recycling...extension

Learning objectives

Roundup of infinitives, articles and gender
Answering the right question
Looking up infinitives in the dictionary
Learning through comparison with English

1 Questions et réponses

Ecoute les questions **1–8** et choisis les réponses (**a–h**).

a Moi? J'ai sport.
b C'est en salle 32.
c C'est à 3h15.
d Non, non, sciences! J'ai sciences.
e Non, j'ai techno le mercredi.
f Non, c'est à 3h10.
g Non, avec madame Chauvin.
h Mais non! C'est en salle 15!

Tu as anglais en salle 9 aujourd'hui?
Non, je m'appelle Corinne.
?

2 *Challenge* X

Ecoute les phrases **1–8** et écris les nombres.

Exemple  1 Pascale! La techno, c'est en salle 60 aujourd'hui?
1 *60*

3 Grammaire + dictionnaire: les infinitifs

a Relis
– les notes sur l'infinitif p 42 (activité 2) et p 53 (activité 6)
– le poème p 67.

b Trouve les infinitifs: fais **1–6** à l'aide d'un dictionnaire.
Exemple *fermez ↔ fermer (to close)*

1 fermez **2** ouvrez **3** posez
4 rangez **5** essuyez **6** finissez

message X

This completes the picture about verbs in the infinitive. Many end in *–er*, some end in *–re* and some end in *–ir*.

This is easier than English, where verbs can end in just about anything, and it makes French verbs easier to spot in dictionaries.

grammaire

4 Les articles

- In English, 'the' (as in 'the cats') and 'a' (as in 'a chair') are called articles. In French, *le/la/l'/les* and *un/une/des* are called articles too.
- Articles are used with nouns: *les* chats *une* chaise
- Always use the correct article:

– 'a. . .'	↔	*un/une*	Exemple	a door: *une porte*
– 'some'	↔	*des*	Exemple	doors/some doors: *des portes*
– 'the. . .'	↔	*le/la/l'/les*	Exemples	the door: *la porte* the doors: *les portes*

- Articles are used more often in French than in English:

I have art at 9.30.	J'ai dessin à 9h30.
Art is at 9.30.	**Le** dessin, c'est à 9.30.
I like art.	J'aime **le** dessin.
Art is in room 10.	**Le** dessin, c'est en salle 10.

5 Grammaire: masculin ou féminin?

Pratique avec la feuille **4**.

6 *Challenge*

a Traduis à l'aide d'un dictionnaire: une ville = ?

b Cherche les noms dans le dictionnaire et prends des notes.

chat – cuisine – maison – panier – rue – quartier

Exemple

chat (cat): masculin ⟶ un/le chat

c Complète le poème avec les noms et des articles.

message 

Choisis bien les articles:
le/la/l' (= 'the') ou
un/une (= 'a' or 'an').

En France, il y a **une ville**.
Dans **la ville** il y a **un quartier**.
Dans — —, il y a — —.
Dans — —, il y a — —.
Dans — —, il y a — —.
Dans — —, il y a — —.
Dans — —, il y a — —.
Et dans — —, il y a. . . mon canari!

Poème

J'ai dix ans et c'est amusant.
J'ai vingt ans, c'est intéressant.
J'ai trente ans et j'ai deux enfants.*
J'ai quarante ans et de l'argent.*
J'ai cinquante ans: vingt plus trente ans.
J'ai soixante ans et. . . toutes mes dents!*

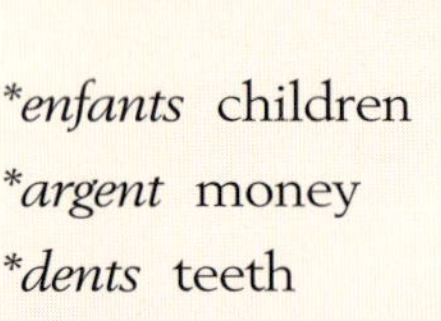

enfants children
argent money
dents teeth

Info 1

Un collège isn't a college, but a secondary school for pupils between the ages of 11 and 15. *Un lycée* covers the last three years of secondary school, or all seven years together. Many *lycées* have 2000 or 3000 pupils.

Flash

Racket – La police arrête cinq racketteurs. . . de 13 ans. Le racket? Un phénomène de plus en plus fréquent dans les collèges!

Informatique – Trouver un site super sur le net: difficile? Non! Le site *Interneto* sélectionne des sites intéressants pour les adolescents. Sites musique, cinéma, sciences, sport, juniors. . . , avec une classification de un kangourou (bof!) à cinq kangourous (super!).

Info 2

Langues préférées dans les collèges français:

★ 1 **anglais** ★★★★★★★

★ 2 **espagnol** ★★★★★★★

★ 3 **allemand** ★★★★★★★

Quiz-langue

1. La majorité de la langue française est d'origine. . .
   a) grecque; **b**) latine; **c**) arabe.

2. Trouve les trois articles:
   Maman! La tortue a des problèmes avec le sport!

3. Trouve le sujet:
   Ma mère est dentiste.

4. Trouve le verbe:
   Mon frère va souvent en ville.

5. Transforme la phrase en phrase négative:
   L'histoire, c'est facile.

6. Ecris le féminin de: **calme**.

7. Quel mot *(which word)* n'existe pas en français?
   a) une interview; **b**) un pull-over; **c**) un grandstand.

8. L'abréviation française TVA = ? en anglais.

9. Ordinateur, inventeur, danseur, acteur, sont des noms. . .
   a) masculins; **b**) féminins.

10. Trouve l'intrus *(odd one out)*:
    a) l'orchidée; **b**) l'oignon; **c**) la tulipe; **d**) le lilas.

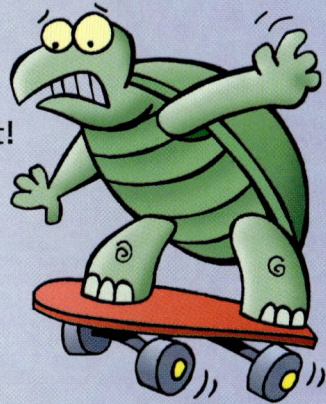

Mon frère a neuf ans

Learning objectives

Talking about others (names and ages)
Introduction of *il* and *elle*
Use of *j'ai/tu as/il a/elle a*

1 **a** Ecoute la cassette et trouve la photo.
Section 1= frères Section 2 = sœurs.
Exemple **(section 1) 1c**

a Cédric
b Frédéric
c Patrick
d Yannick
e Dominique
f Estelle
g Annabelle
h Giselle
i Murielle
j Gaëlle

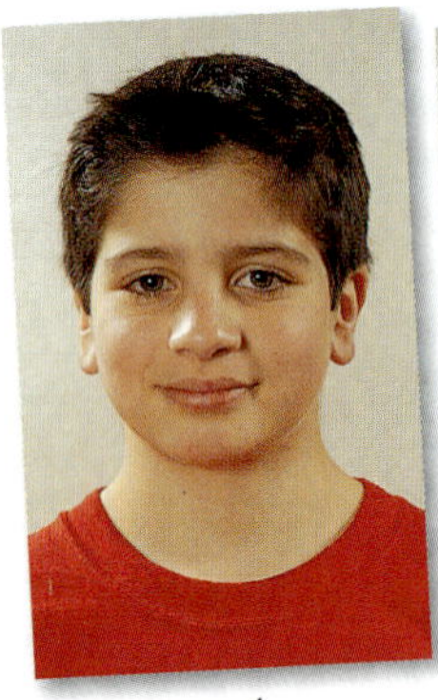

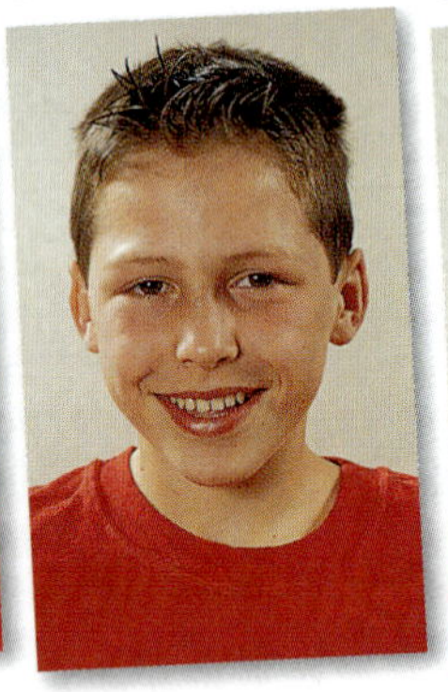

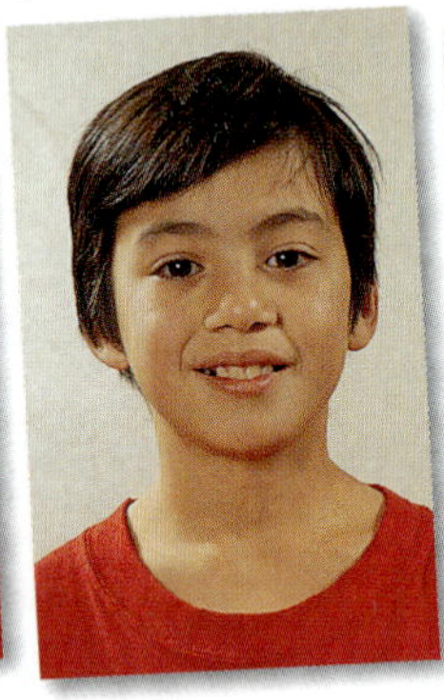

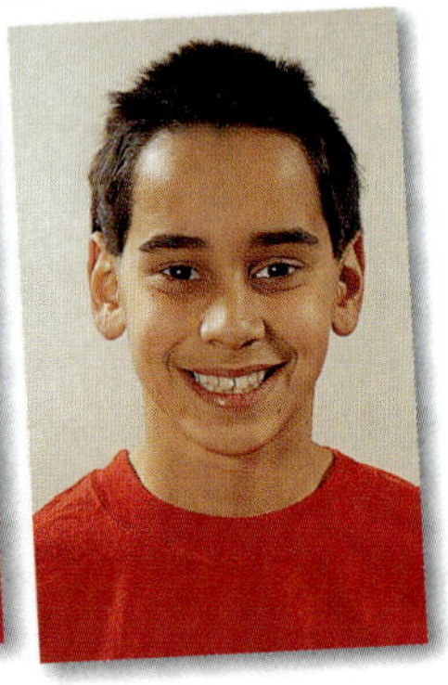

b Ecoute → lisez les dialogues à deux.

– Ton frère s'appelle comment?
– Il s'appelle Frédéric.
– Photo b!

– Ta sœur s'appelle comment?
– Elle s'appelle Giselle.
– Photo h!

c Faites des dialogues à deux, à tour de rôle.

a Ecoute le poème → écoute et répète.

b Ecris *ton* poème: change les prénoms (first names).

c Apprends ton poème.

Je m'appelle **Yannick**.
Tu t'appelles **Giselle**.
Mon chien s'appelle **Rick**.
Ma copine, **Estelle**.
Et mon cousin? Il s'appelle **Alain**.
Et ma cousine? Elle s'appelle **Sylvine**.

a Ecoute **1–7** → écris les prénoms (p76) et les âges.
Exemple *1 Patrick: 13 ans*

b Comparez à deux.
Exemple
– Un. Ton frère Patrick, il a quel âge?
– Il a 13 ans.
– Oui, ça va.
– Deux. Ta sœur Giselle, elle a quel âge?
– Elle a . . .

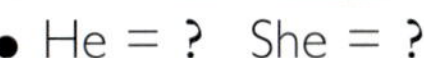

- He = ? She = ?
- He is = Il est
  He has = Il a

But remember. . .
He **is** 12 = Il **a** 12 ans

Ecoute le dialogue et regarde **1–6**: vrai ou faux?

1 Giselle a deux frères et une sœur.
2 Elle préfère sa sœur.
3 Son frère Cédric a 7 ans.
4 Il n'est pas très drôle.
5 Giselle a une copine: Estelle.
6 Gaëlle n'a pas de frères et sœurs.

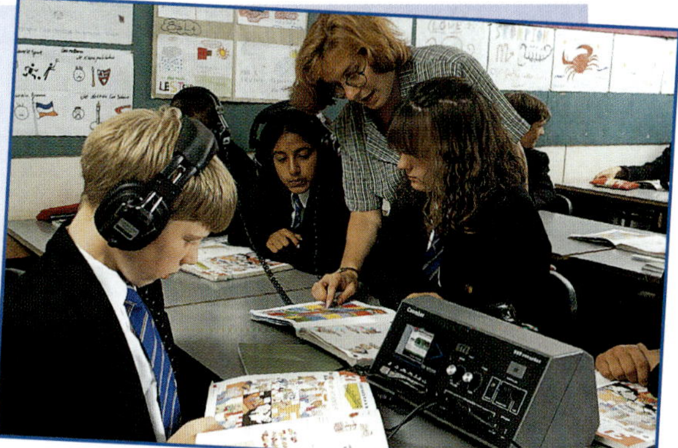

Fais des phrases avec **1–6** et **a–k**.

1 J'	a ai 12 ans. Et toi?	g ai 15 ans aujourd'hui.
2 Tu	b as 12 ans ou 13 ans?	h n'a pas 20 ans?
3 Il	c a 8 ans aujourd'hui.	i n'a pas deux ans.
4 Tu n'	d n'ai pas 16 ans, mais 17 ans.	j as pas 11 ans?
5 Elle	e a quel âge?	k a pas 12 ans aujourd'hui?
6 Je	f as 14 ans, non?	

8 Ma sœur n'est pas timide!

Learning objectives

Talking about personality (yours and others')
Regular adjectives in the feminine
Use of *je suis/tu es/il est/elle est*
Sound discrimination (adjectival endings)
Using adverbs (*très/assez***) in descriptions**

1 a Recopie les adjectifs dans l'ordre alphabétique → vérifie avec la cassette.

timide amusant embêtant intelligent grand petit bruyant bavard élégant

b Vérifie l'orthographe (the spelling) de ton/ta partenaire.

c Ecoute et complète oralement.

Exemple

B-A-V . . . → . . . A-R-D: bavard!

message 

-ê- = -e- accent circonflexe
-è- = -e- accent grave

2 a Lis la lettre et réponds.

1 Le message a 12, 14 ou 16 adjectifs?

2 She is = ?

3 Very = très Fairly = ?

4 Complète les deux colonnes:

Nadja	Valérie
assez grande	très petite

message

If a description is negative (. . . pas . . .), don't write it down!

b Ecoute la description et compare avec la lettre. Il y a des erreurs? Lève le doigt!

Ma sœur s'appelle Nadja et elle a 15 ans.

Nadja est comment? Elle est assez grande et élégante. Elle est très timide: elle n'est pas bavarde! Elle n'est pas très, très intelligente, mais elle n'est pas bête.

A la maison, elle n'est pas embêtante. Quelquefois, elle est assez amusante et très bruyante.

Elle a une copine, Valérie. Valérie est très petite et assez bavarde. Elle est très drôle et assez bruyante. Elle n'est pas très élégante, mais ça va!

grammaire X

Les adjectifs féminins

- Adjectives ending in *-e* (*timide*, *drôle*, etc.) do not change their spelling whether they are used with feminine or masculine nouns. For example:
  Le chat est calme – La tortue est calme
  Mon frère est timide – Ma sœur est timide
- But, with adjectives like *bavard* and *élégant*, you need to add an *–e* when they are used with feminine nouns:
  He is noisy – Il est bruyant — She is noisy – Elle est bruyante
  My dog is small – Mon chien est petit — My mouse is small – Ma souris est petite

A toi!

a Regarde **1–8**, écoute et répète.

1 amusant – amusante	**5** embêtant – embêtante
2 bavard – bavarde	**6** grand – grande
3 bruyant – bruyante	**7** intelligent – intelligente
4 élégant – élégante	**8** petit – petite

b Ecoute **1–16**. Dis «masculin!» ou «féminin!».

c Fais la feuille **2A**.

Ecoute les phrases **1–10**.

- Tu trouves une phrase 100% identique (**a–h**)? Ecris la lettre.
- Non? Ecris ✗.

message X

Listen out very carefully for *il* and *elle*.

a Il n'est pas très bruyant.	**e** Elle est assez petite.
b Elle est rarement drôle.	**f** Il n'est pas timide.
c Elle est assez calme.	**g** Elle n'est pas grande.
d Il est rarement amusant.	**h** Il est souvent élégant.

a Regarde la photo et écoute les phrases. Tu es d'accord? Lève le doigt.

b A toi: écris six phrases minimum. Utilise. . .

. . . est . . . ; . . . est très . . . ; . . . est assez . . . ;
. . . n'est pas . . . ; . . . n'est pas très . . .

6 Et toi? Tu es comment? Objectif: parler 30 secondes.

Moi, euh. . . je suis très calme, mais à la maison je suis quelquefois. . .

Ton frère aime le sport?

Learning objectives

Saying what hobbies you and others like
The present tense singular of regular *-er* verbs
Using context in reading

1 **a** Regarde et écoute la BD.

b Pratique le vocabulaire oralement avec le professeur.

c Pratique la lecture.

Moi, je préfère la télé, la musique et les jeux vidéo.
Euh. . . j'aime beaucoup le sport et la lecture.
Je. . . j'aime le cinéma, les jeux vidéo et. . . la lecture!
Moi, j'adore la musique, la danse et le cinéma.
Moi, j'aime assez le sport, la danse, la musique. . .
L'activité numéro 1 dans ma classe, c'est la musique!

2 **a** Recopie les sept activités de la BD: *la télé*
la musique (etc.)

b Ecoute les interviews, coche (✔) les activités → trouve l'activité favorite.

3 Lis le message de Stéphane → recopie les activités par ordre de préférence.

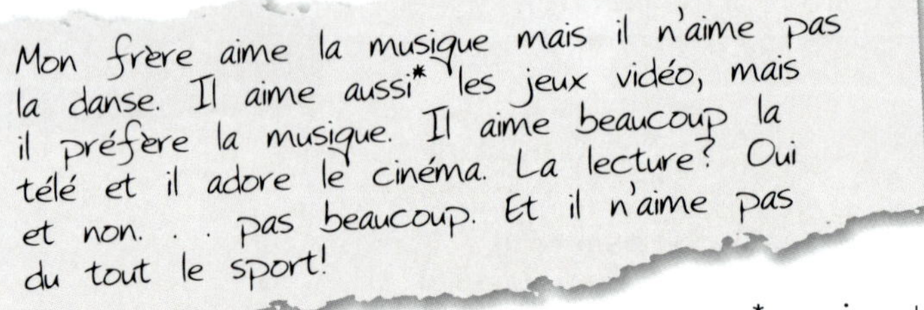

Mon frère aime la musique mais il n'aime pas la danse. Il aime aussi* les jeux vidéo, mais il préfère la musique. Il aime beaucoup la télé et il adore le cinéma. La lecture? Oui et non. . . pas beaucoup. Et il n'aime pas du tout le sport!

* aussi = also

message

Remember to use Stéphane's order of preference, not yours! Read carefully!

4

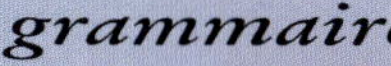

Les verbes: Je. . . Tu. . . Il. . . Elle. . .

1 je (or j') = ? tu = ? il = ? or ? elle = ? or ?

2 Look at the verb forms below. Where does English add an **-s**? Is it the same in French? What is the infinitive of this verb?

I like	j'aime
you like	tu aimes
he likes	il aime
she likes	elle aime
my brother likes	mon frère aime
your tortoise likes	ta tortue aime

3 Many other verbs (*regarder*, *écouter*, *habiter* . . .) follow the pattern of *j'aime*, *tu aimes*, etc.

1 *je* = I; *tu* = you; *il* = he/it (masculin); *elle* = she/it (féminin)
2 English adds an **-s** with 'he'/'she'/'it'/'my brother'. . . French add an *-s* with *tu* instead.

Pratique les verbes avec la feuille 3.

a Lis l'interview. Et les blancs (the gaps)? Devine!

b Ecoute l'interview deux fois (twice) et mémorise les blancs.

c Vérifie avec la classe.

d Pratiquez l'interview à deux.

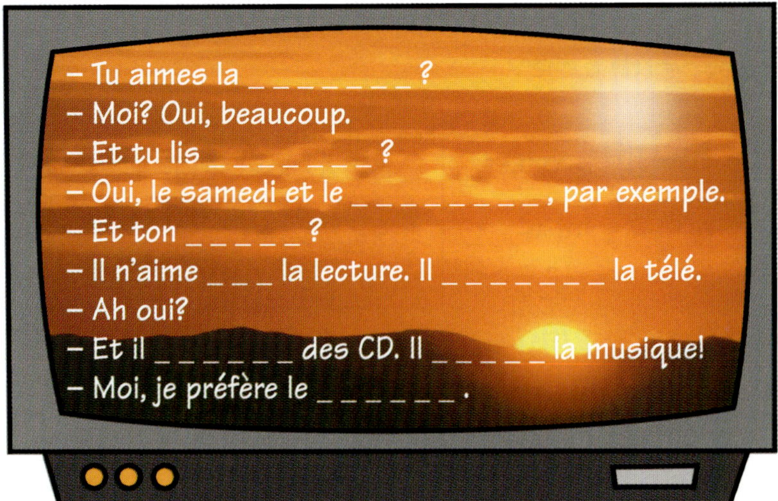

– Tu aimes la _ _ _ _ _ _ _ _?
– Moi? Oui, beaucoup.
– Et tu lis _ _ _ _ _ _ _ _?
– Oui, le samedi et le _ _ _ _ _ _ _ _ _, par exemple.
– Et ton _ _ _ _ _?
– Il n'aime _ _ _ la lecture. Il _ _ _ _ _ _ _ _ la télé.
– Ah oui?
– Et il _ _ _ _ _ _ _ des CD. Il _ _ _ _ _ _ la musique!
– Moi, je préfère le _ _ _ _ _ _ _.

Challenge X

Extra! Choisis:

- Ajoute (add) une ou deux questions et réponses, ou écris une interview plus personnalisée.
- Joue l'interview (ou ton interview personnalisée) de mémoire!

8

...reinforcement...recycling...extension

Learning objectives

Roundup of the present tense singular of *être*, *avoir* and regular *-er* verbs
Recognizing 'look-alikes' in listening (*eXpress*)
Applying pronunciation rules to 'look-alikes'
Looking up simple French words
Checking written work for accuracy

Prononciation

Prononce, écoute, répète!
Objectif: renforcer le travail sur les voyelles (Unités 1–7).

1 catalogue – parasol
2 accident – Pakistan
3 masculin – africain
4 magazine – margarine
5 parachute – altitude
6 karaté – attaquer – adopter
7 alphabet – cabaret – japonais
8 Oh! Regarde la margarine sur le magazine!
9 Un Japonais fait du karaté en parachute.

grammaire

Les verbes en *-er* + *être* et *avoir* (singulier)

- Some English verbs are quite simple:
  to like: I like, you like, he likes, she likes
- . . . and some have a mind of their own:
  to be: I am, you are, he is, she is
- This happens in French too:

regarder	**être**	**avoir**
je regarde	je suis	j'ai
tu regardes	tu es	tu as
il regarde	il est	il a
elle regarde	elle est	elle a

- **j'ai** / tu **es** – il **est**
  Same sound. . . but different verb!
- Don't use the wrong verb:
  Ma sœur **a** une souris (. . . **has** . . .)
  Ma sœur **est** une souris (. . . **is** . . .)

A toi!

a Traduis **1–10**.

1 Je **suis** fils unique.
2 Elle **a** une souris.
3 Il **est** amusant.
4 Tu **as** une règle?
5 Ma copine **a** une souris.

6 Mon père **est** embêtant.
7 Tu **es** timide?
8 J'**ai** un cobaye.
9 Elle **est** grande.
10 Il **a** deux frères.

b Cache **1–10** → retraduis tes phrases en français → vérifie.

3 Dictionnaire + adjectifs

Travaille le plus vite possible! Traduis les adjectifs **1–10** à l'aide d'un dictionnaire.

1 honnête
2 insupportable
3 sympathique
4 égoïste
5 sensible
6 têtu
7 intéressant
8 lent
9 patient
10 prudent

message X

You can guess some of the translations, but be careful about 3 and 5! They are 'false friends', which means that they are not what they seem. . .

4 *Challenge* X

a Lis le message et fais la **feuille 4**.

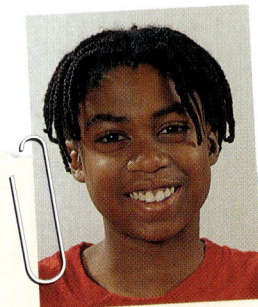

Bonjour!

Je m'appelle Alexandre et j'habite à Toulouse, en France. J'ai 11 ans (12 ans le 3 juin!). Et toi? Je suis assez petit, amusant, très bavard et pas très patient. Et toi, tu es comment?

Mes loisirs? J'aime assez la lecture, par exemple Tintin ou Astérix. Tu aimes Tintin et Astérix, toi? En français? J'aime beaucoup les jeux vidéo et j'adore le sport (le foot et la boxe, par exemple). Je regarde rarement la télé: j'ai des devoirs. Et toi, qu'est-ce que tu aimes?... Et qu'est-ce que tu n'aimes pas?

J'habite avec ma mère et ma sœur. Ma mère a 46 ans et elle travaille à Toulouse: elle est prof de maths! Son opinion: c'est difficile mais fascinant. Mon opinion: c'est insupportable. Une mère prof!!!

Ma sœur, Vanessa, a 6 ans et elle est très, très embêtante: elle joue souvent avec mes CD et avec mon ordinateur. Et elle est bruyante!!! Je préfère mon lapin! Et mes demi-frères? Grégory habite à Paris, avec son frère Frédéric. Et toi? Tu habites avec qui? Tu as des frères et sœurs? Ça va avec ta famille?

Ecris vite!

Alexandre

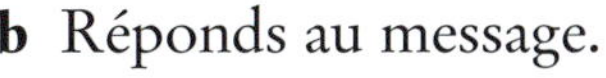

b Réponds au message.

message X

When you are writing your message:
- start with: **Merci de ta lettre**;
- write at least 8 lines;
- write in short paragraphs;
- only use words you know, perhaps reusing or adapting what Alexandre says;
- use *AnneXe* to refresh your memory about vocabulary.

When you are checking your message, look at:
- punctuation and capitals;
- spellings, including accents;
- masculine/feminine (articles and adjective endings);
- singular/plural (*un chien/deux chiens*);
- verb endings.

8

Chanson

Je m'appelle Benoît
Oui, c'est moi
Me voilà
Cinéma
Discos, etcétéra. . .

J'ai 25 ans
Du talent
De l'argent
Toutes mes dents
Amusant, fascinant. . .

Oui, mais voilà
Elle s'appelle
Isabelle
Et sans elle
C'est cruel, où est-elle?

Je m'appelle Benoît
Oui, c'est moi
Me voilà
Isabelle
Où est-elle? Moi, j'attends.

Jeu

Recopie les opposés deux par deux, le plus vite possible.

refuser
improviser
immigrer
accepter
accuser
adopter
rejeter
défendre
émigrer
commencer
imiter
inventer
préparer
finir

Info

- C'est l'anniversaire d'un copain ou d'une copine? Dis: **Bon anniversaire!**
- Ton copain s'appelle Stuart Marshall? Stuart, c'est son **prénom**. Marshall, c'est son **nom**.
- Carlos, Ahmed, . . . : des prénoms pas très français? C'est vrai, mais la France a beaucoup de personnes d'origine espagnole ou portugaise, d'origine africaine (le Maroc, l'Algérie, la Tunisie, le Mali. . .) et d'origine asiatique (le Vietnam, par exemple).

BD

Trop difficile...
Et... avec un melon, c'est possible?

Flash

Science – Tu aimes les sciences? Avec le magazine *Science et Découvertes**, la lecture, c'est varié! L'univers, la nature, l'origine des mots. . . fascinant mais simple! Un magazine en trois sections: phénomènes naturels, jeux et questions sur la science.

**découvertes* discoveries

Quiz-nombres

1 La Tour Eiffel mesure: **a)** 320m; **b)** 380m; **c)** 420m.

2 En latin, la lettre L représente le nombre: **a)** cinq; **b)** quinze; **c)** cinquante.

3 Continue la série: quinze – trente – quarante-cinq – . . . ?

4 Celsius = **a)** les degrés du thermomètre; **b)** l'inventeur du thermomètre.

5 Une tonne = **a)** 10 000 grammes; **b)** 100 000 grammes; **c)** 1 000 000 grammes.

6 On mesure la température avec: **a)** un baromètre; **b)** un thermomètre; **c)** un décamètre.

7 On peut diviser cinquante-quatre par neuf? oui / non.

8 Traduis: six, sixteen, sixty.

9 La forêt = **a)** 5%; **b)** 15%; **c)** 25% du territoire français.

10 L'ère tertiaire précède l'ère quaternaire: oui / non.

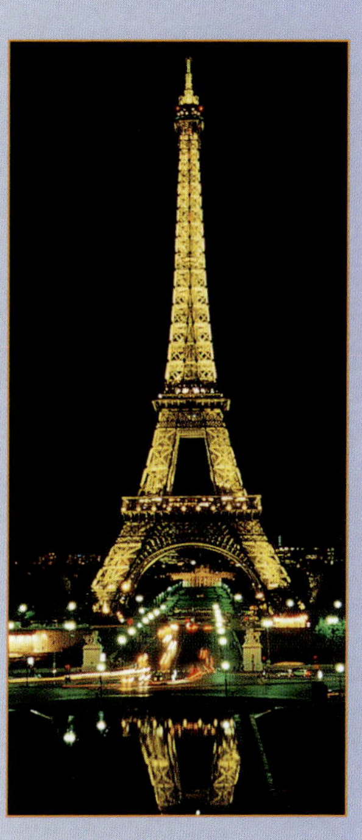

J'ai fini!

Learning objectives

Dealing with everyday classroom matters in French
Concentrating on intonation
Practising through drama

1 Communiquer avec le professeur, c'est important.
Regarde le dessin et pratique avec le professeur.

a C'est quel exercice?
b C'est quelle page?
c Je ne comprends pas.
d Comment?
e J'ai fini!
f J'ai oublié mon cahier!
g Je peux travailler avec Tom?
h Je peux changer de place?
i Je peux aller aux toilettes?

2 Regarde la question de Diane et écoute ses raisons (her reasons) (**1–10**).

Je peux travailler avec Gabrielle?

Raison acceptable? → 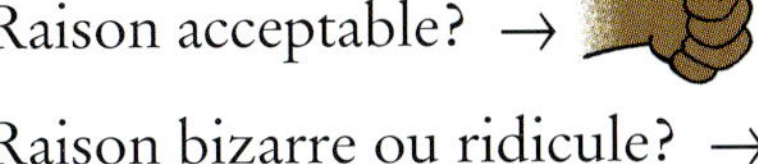

Raison bizarre ou ridicule? → 

Exemple

1 Gabrielle, c'est ma copine →

3 **a** Ecoute **1–8** et choisis la photo.

b Ecoute et répète: imite l'intonation.

a  **b** 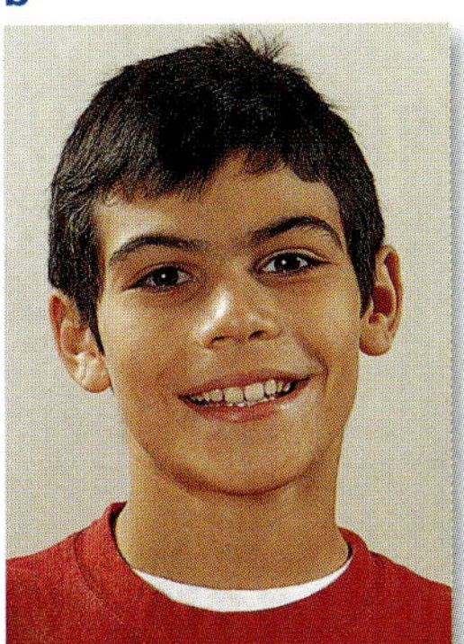 **c** 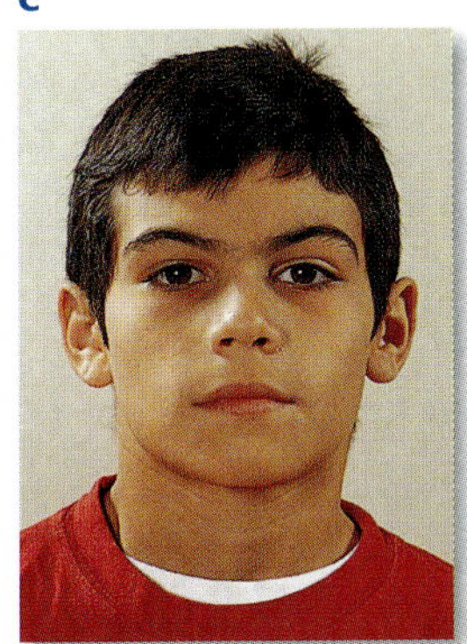 **d** 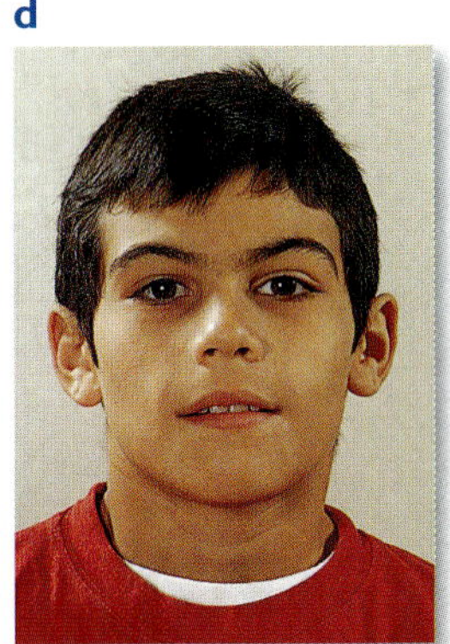

message

To get across your message when you are speaking to someone, the right words are not enough: you also need to use the right intonation.

4 Ecoute les réactions du professeur (**1–10**) et devine: Bastien a dit (said) **a**, **b**, **c**, **d** ou **e**?

Exemple

1 C'est *Cahier X*, p 29. *1a*

a C'est quelle page? **b** J'ai fini! **c** J'ai oublié mon stylo!

d Je peux travailler avec Tom? **e** Je peux aller aux toilettes?

5 A deux, jouez le sketch: **feuille 1**.

message

If you want, you can. . .
– cut out a few lines;
– make up an extra scene;
– change some of the characters (careful about masculine/feminine);
– read out your lines. . . from memory!

9 Je travaille avec qui?

Learning objectives

Conducting pair or group activities all in French
Asking for permission (classroom activities)
Using *je peux/tu peux/il peut/elle peut* **+ infinitive**

1 a Ecoute **1–8** et recopie les huit prénoms (first names).

Exemple

1 – Je travaille avec qui?
– Tu peux travailler avec Tarik? → *1 Tarik*
– Avec Tarik? D'accord!

b Et maintenant (now), qui travaille avec qui? Trouve les cinq groupes.

Exemple

– Yann, tu travailles avec qui?
– Sarah peut travailler avec moi? → *Yann + Sarah*
– Oui, d'accord.

grammaire

Je peux. . . ? Tu peux. . . ?

1 Je peux = I can (p.86) Tu peux = ? Il peut = ? Elle peut = ?
2 Je travaille = ? Je peux travailler = ? Je peux travailler avec toi? = ?
3 Tu travailles = ? Tu peux travailler = ? Tu peux travailler avec moi? = ?

- To say 'I can', 'you can' and so on in French, you need to use the verb *pouvoir*. This verb has special endings of its own: learn them by heart.
- It is always followed by an infinitive:
  Tarik **peut pratiquer** avec moi?
  Je **peux travailler** seul?
  Tu **peux aider** Max.

a Regarde et écoute la BD.

b Pratiquez la BD à trois.

 Pratique avec la feuille 2.

a Ecoute le sketch et place les dessins (feuille 3) dans l'ordre exact.

b Inventez un sketch en groupe.

c Jouez le sketch.

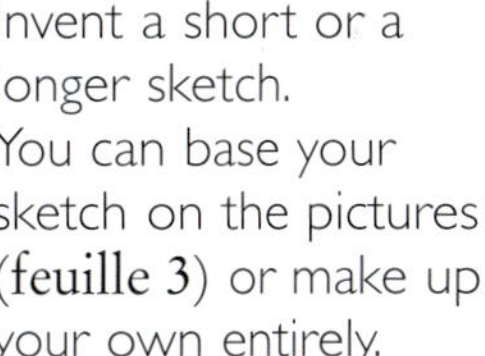

Invent a short or a longer sketch.
You can base your sketch on the pictures (feuille 3) or make up your own entirely.

Tu aimes le rap?

En groupe, en groupe,
C'est plus rapide.
Avec toi, avec moi,
Avec vous, avec nous!
En groupe, en groupe,
C'est plus bruyant.
C'est à qui? C'est à toi.
C'est à moi? Oui, c'est ça.

En groupe, en groupe,
C'est amusant.
Je commence? Oui, d'accord.
Ça, ça va? Non, c'est faux!
En groupe, en groupe,
C'est très, très bien.
Avec toi, avec vous,
Avec moi, avec nous!
Un point!

9

Ab, les devoirs!

Learning objectives

Giving and justifying opinions (school subjects and classroom activities)
Producing longer sentences with *parce que*
Giving a presentation
Recognizing 'look-alikes' in listening (eXpress)

a Ecoute le professeur et mime l'adjectif.

difficile — facile — intéressant — fatigant — ennuyeux

b Travail oral: pratiquez l'activité **a** à deux.

c Travail écrit: fais huit phrases-opinions sur les matières.
Exemple *La géographie, c'est facile.*

d Une personne lit une phrase (activité **c**) à haute voix.
Tu as la phrase? → *D'accord!*

> ***message***
> Adjectives used after *c'est* should always be used in the masculine singular, even if they describe something feminine or plural.

a Ecoute **1–12**:  ou  ?

b Choisis une matière et un adjectif.
Exemple *la musique – facile*

A deux, improvisez un maximum d'opinions possibles.
Exemple *La musique, c'est facile.*
La musique, ce n'est pas souvent facile.

c Travail oral: improvisez des dialogues à deux.
Exemple *– Tu aimes l'informatique?*
– Non, je n'aime pas ça.
– Pourquoi?
– Parce que c'est assez difficile.

> ***message*** 
> Useful words:
> c'est – ce n'est pas
> assez – très
> souvent – quelquefois – rarement
> plus – moins

Ecoute **1–7**. Qui préfère. . .

a . . . le travail oral?
b . . . le travail écrit?
c . . . la lecture?
d . . . écouter?

Kévin — Elsa — Lara — Marine — Sarah — Tarik — Max — Yann

4 **a** Le français, ça va? Recopie tes cinq préférences.

le vocabulaire
le travail écrit
le travail oral
le travail seul(e)
le travail en groupe

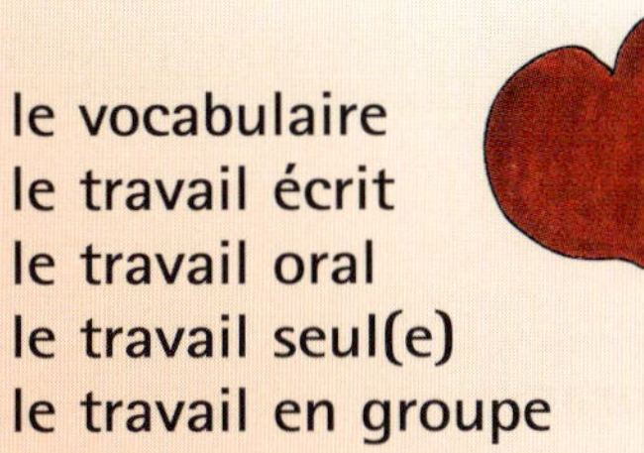

la grammaire
la lecture

les chansons
les raps
les cassettes
les devoirs
les poèmes
les BD

b Travail en groupe: comparez les opinions dans le groupe.
Exemple

J'aime beaucoup les raps, et vous?
Moi aussi.
Moi, non. Et toi, Simon?
Oui, j'aime ça.

5 **a** Ecoute l'exposé de Rémi. Il utilise les notes **a–g** dans quel ordre?

b Quelqu. diff.
Avec Max / groupe

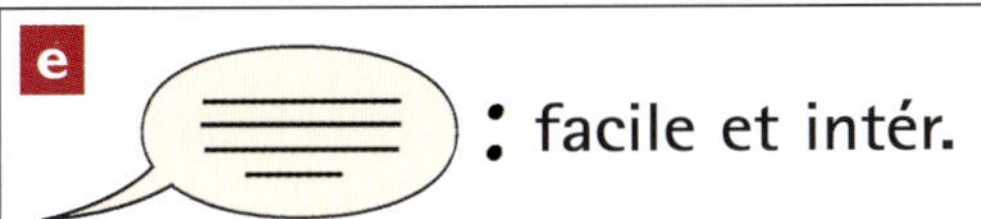

b ***Challenge***
Et toi? Ça va, le français? Fais un exposé oral à l'aide de notes.

...reinforcement...recycling...extension

Learning objectives

Verbs + infinitives (permission; likes and dislikes)
Training short-term memory when reading
Pronunciation: *é/è*
Writing a better paragraph (variety and accuracy)

1 Je peux. . . ?

a Lis **1–6** et trouve les réponses (**a–f**).

1 Tarik, je peux écouter ta cassette?
2 Lara, tu peux pratiquer avec moi?
3 Tu peux aider Elodie?
4 Kévin peut travailler avec moi?
5 Je peux regarder la télé?
6 Tu peux apprendre le poème?

a Non, mais tu peux faire tes devoirs!
b Pourquoi? Il n'a pas son livre?
c D'accord, mais je préfère les chansons!
d Désolé, elle est à la maison.
e Désolée, je préfère pratiquer seule.
f Ben. . . je ne comprends pas le dialogue.

b Travail oral à deux: A lit une question (**1–6**) et B invente une réponse.

2 Interview

1 Trouve les six infinitifs dans les questions (activité 1).
2 Pourquoi l'infinitif?
3 Trouve les cinq infinitifs dans l'interview:

- Tu aimes le travail oral?
- Oui. Et moi, j'aime travailler en groupe.
- Tu regardes la télé avec le professeur?
- Non, mais j'adore écouter les cassettes.
- Tu as souvent des devoirs?
- Oui, mais je n'aime pas apprendre le vocabulaire.
- Tu aimes écrire des dialogues?
- Oui, mais je préfère lire *teXto*!

grammaire

Verbe + infinitif

- When there are two verbs in a row, use the second one in the infinitive. For example:

J'adore jouer – I love playing (= I love to play)
J'aime bien lire – I quite like reading (= I quite like to read)
Je n'aime pas travailler – I don't like working (= I don't like to work)
Je préfère regarder la télé – I prefer watching TV (= I prefer to watch TV)

3 Verbalissimo! (feuille 4)

- Le joueur A (player A) + trois ou quatre joueurs.
  Le joueur A:

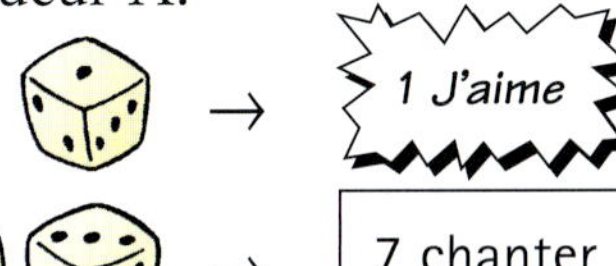

7 chanter

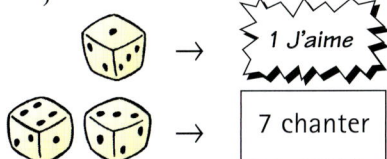

→ Le joueur A écrit une phrase en secret.
Exemple **J'aime chanter à deux.**

- Objectif: deviner la phrase. Exact? Un point!

J'aime chanter. . . des raps?

J'aime chanter. . . avec ma copine?

J'aime chanter. . . à deux?

4 Prononciation

Ecoute et répète.

1 é/è/é/è
2 é – et – télé – écrire – janvier – cahier – chanter
3 è – est – frère – poème – poster – toilettes – anglais
4 è/é – aider
5 è/é – aimer
6 é/è – préfère
7 Je préfère aider Hélène avec le poster.
8 En janvier, j'écris un poème anglais dans mon cahier.

5 Message

a Tu as quatre minutes: mémorise le message de Sophia au maximum.

b Ferme ton livre, écoute **1–8** et écris vrai ou faux.

Moi, l'histoire, ça va. Ce n'est pas très difficile. J'aime beaucoup écouter le professeur et j'adore regarder la télé. J'aime aussi travailler en groupe: je fais quelquefois des posters avec ma copine. Je travaille quelquefois sur un ordinateur: c'est intéressant, mais c'est plus difficile.

Je n'aime pas beaucoup faire mes devoirs parce que c'est ennuyeux. Je préfère jouer avec mon chien!

c ***Challenge*** ✕

Ça va, le français? Ecris un paragraphe.

message 

Regarde tes notes: activité 5 p91.
Varie le vocabulaire et les structures.

Exemples:
– j'aime + nom
– phrases négatives
– je préfère + infinitif
– . . . parce que c'est + adjectif

d Vérifie ton paragraphe (<-> p83).

Info 1

- Normalement, en France, un cours* = 60 minutes.
- Une matière = les maths, le dessin, l'histoire, etcétéra.
- Une récréation = un intervalle de 15-20 minutes entre* deux cours.
- Un inter-classe = un intervalle de 5 minutes entre deux cours.
- On va au collège le mercredi en France? Non, mais on va quelquefois au collège le samedi matin*.

* un cours *a lesson* entre *between* matin *morning*

Flash[1]

Il y a des livres de *Tintin* en plus de 40 langues. Le chien de Tintin s'appelle 'Snowy' en anglais, 'Milou' en français, 'Milo' en japonais et 'Terry' au Danemark.

Quiz-loisirs

1. L'auteur de Tintin est: **a)** français; **b)** belge; **c)** suisse.
2. Obélix a une moustache: oui / non.
3. Obélix fabrique: **a)** des menhirs; **b)** des icebergs; **c)** des fantômes.
4. Dans *Astérix*, en français, Idéfix est: **a)** le chien; **b)** le druide; **c)** le chef du village.
5. Astérix est: **a)** antérieur; **b)** postérieur à Jésus-Christ.
6. Tintin date de: **a)** 1929; **b)** 1949; **c)** 1969.
7. Dans *Tintin*, Haddock est: **a)** commandant; **b)** caporal; **c)** capitaine.
8. Le détective Hercule Poirot est: **a)** français; **b)** belge; **c)** suisse.
9. Hercule Poirot a existé: oui / non.
10. *Les Misérables* est d'origine: **a)** américaine; **b)** britannique; **c)** française.

Jeu

Définitions multiples mais... un mot unique. Trouve les mots à l'aide d'un dictionnaire.

1) – *nf:* un animal
– *nf:* avec un ordinateur

2) – *adj:* = idiot
– *nf:* = animal

3) – *nf:* une matière
– *nf:* un style de musique

4) – *npl:* stylos, cahiers, etc.
– *npl:* aventures amoureuses (en anglais, pas en français!)
– *npl:* le business!

5) – une barre de chocolat
– une planète
– le dieu de la guerre
– un mois (janvier, etc.)

Info 2

En Chine, les ordinateurs ont des lettres ou des signes?
... Des lettres: A, B, C...
La raison? La prononciation des 1 600 idéogrammes correspond à la prononciation de lettres ou de groupes de lettres. Par exemple, pour le son* «da», tu tapes* D et A: tu trouves les idéogrammes avec le son «da» sur l'écran, et tu choisis!

* le son *the sound*
* tu tapes *you type in*

Flash 2

En France, 33% des parents trouvent les livres dans les collèges trop difficiles.

Décision de la région de Strasbourg: employer 100 personnes de plus. Objectif: aider les enfants handicapés dans les collèges.

Info 3

- In France, pupils have longer school days but also have longer holidays, with about two months off in the summer. They also have more Bank Holidays.
- Some pupils have a few free lessons built into their timetable, which they can spend in the school library, for example.

C'est quand, ton anniversaire?

Learning objectives

Asking for and giving birthdates
Talking about ideal presents
Making predictions before listening activities
Recognising 'look-alikes' in listening

1 **a** Regarde le dessin et lis le mini-dialogue.
quand = ?
anniversaire = ?

– C'est quand, ton anniversaire?

– Mon anniversaire, c'est le six mars.

b Ecoute **1–8** et choisis la date (**a–j**).
Exemple 1d

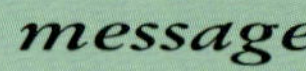

To prepare for **1b** first say **a–j** to yourself.

c Pratiquez à deux avec les dates **a–j**.
Exemple – *C'est quand, ton anniversaire?*
– *Mon anniversaire, c'est le huit octobre.*
– *f!*

d Ecris les 12 mois (janvier, etc.) → pose la question-anniversaire dans ta classe. Ton objectif: trouver un anniversaire minimum par mois (per month).

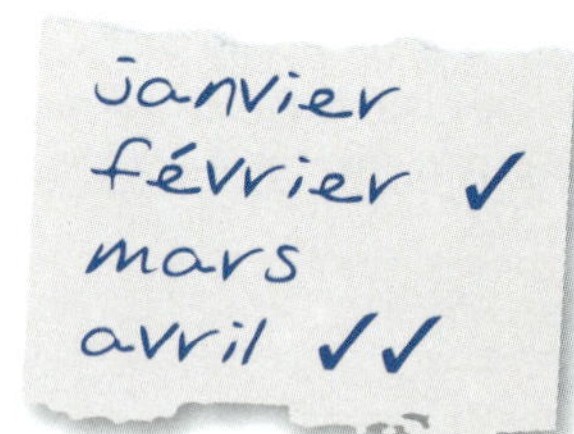

message

It's 1st March = C'est le 1er mars (le premier mars)

e Fais un poster-graffiti avec ta classe.

Mon anniversaire, c'est le 23 juin.
Mon anniversaire, cést le 9 décembre!

2 Ecoute le professeur et mime les cadeaux.

Ton cadeau idéal, qu'est-ce que c'est?

You won't know all the words you are going to hear, but don't worry! They are quite similar to English words.

Ecoute → fais correspondre **1–7** avec **a–g**.

1 un ordinateur
2 un CD
3 un poster (de Michael Owen)
4 une platine laser
5 une peluche
6 une console vidéo
7 des vêtements

a

b

c

d

e

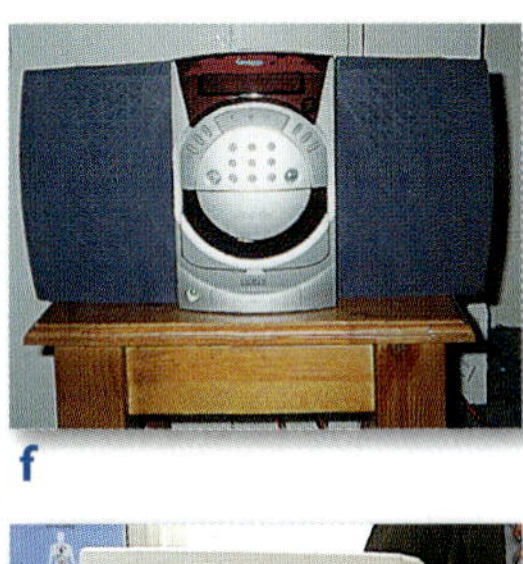
f

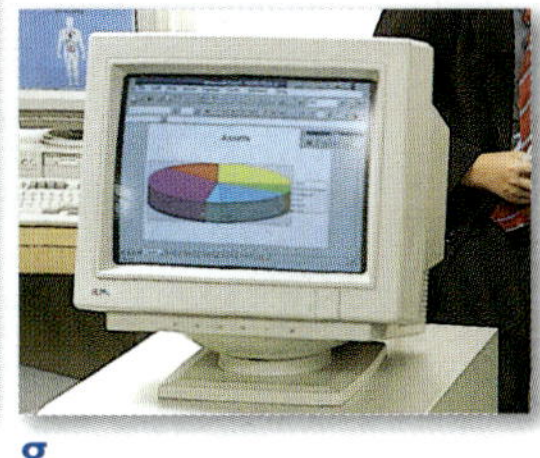
g

a Qu'est-ce que c'est, ton cadeau idéal? Recopie **1–7** (activité 3) par ordre de préférence.

b Comparez les préférences en groupe. Objectif: trouver le cadeau préféré du groupe.

James, ton cadeau idéal, qu'est-ce que c'est?

Mon cadeau idéal, c'est une console vidéo.

Et en numéro 2?

C'est. . .

a Nadia voudrait un ordinateur. Objectif: convaincre (to convince) son père. Classe les raisons **a–h** par ordre de préférence.

a *J'adore l'informatique!*

b *Je voudrais un Pentium: c'est super!*

c *Ton ordinateur n'est pas très rapide.*

d *Les devoirs, c'est plus facile avec un ordinateur.*

e *Avec un ordinateur, je peux faire des posters, des dessins. . .*

f *Ton ordinateur? C'est nul!*

g *Mon copain a un ordinateur.*

h *Je pourrais jouer sur mon ordinateur avec le chien!*

b ***Challenge*** ✕

A toi! Tu voudrais une platine laser. Ecris des raisons.

10

On joue?

Learning objectives

Asking someone to play some games with you
Agreeing or refusing to play games with others, and saying why
Using *jouer au* and *aimer le*
Adapting a model in speaking and in writing

a Ecoute la BD.

Tu joues au Scrabble avec nous?
Pourquoi?
C'est ton anniversaire!
Oui, mais. . . c'est assez ennuyeux. . .
Tu joues au Monopoly avec nous?
Bof, non. . .
Pourquoi pas?
Le Monopoly, c'est trop lent!
Tu joues au babyfoot avec moi?
Je n'ai pas de babyfoot!
Ouais!!!

C'est trop lent = **a)** It's very slow **b)** It's too slow **c)** It's fairly slow ?

b Ecoute et répète.

c Pratiquez la BD à trois.

d Regarde la BD et écoute. C'est différent? Lève le doigt.

grammaire

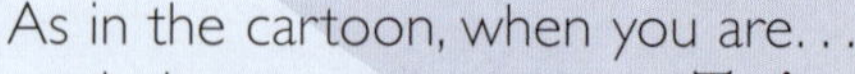

Jouer au. . . Aimer le. . .

As in the cartoon, when you are...
playing games, use **au** → Tu joues **au** Monopoly avec nous?
giving opinions, use **le** → **Le** Monopoly, c'est trop lent.

Remember, in Units 6 and 8, we also used **le** (or **la/l'/les**) with opinions:
Tu aimes **la** lecture? Je préfère **le** cinéma. J'adore **les** animaux.

a Improvisez des opinions à deux.

Exemple

Tu aimes le Cluedo?

Oui. Le Cluedo, c'est très drôle.

Le Monopoly. . . Le Scrabble. . .
Le babyfoot. . . Le Cluedo. . .

- c'est (assez/très/trop) + adjectif
- ce n'est pas (assez/très/trop) + adjectif
- Adjectifs: *AnneXe* p 14 and p 18

b Improvisez des dialogues à deux à l'aide du modèle.

Tu joues au . . . avec moi?
Oui, d'accord.
Non, désolé(e)
Pourquoi?
Pourquoi pas?
Parce que. . .

3

a Ecoute et pratique le rap.

Moi, je ne joue pas au Scrabble,
Je n'aime pas beaucoup le Scrabble.
Je joue rarement au Cluedo,
Moi, je n'aime pas le Cluedo.
Je joue au Monopoly,
C'est très lent, mais amusant.
Et je joue au babyfoot,
C'est rapide et c'est bruyant!!!

b ***Challenge***

Apprends le rap par cœur.

message

To make the learning easier, you can rewrite the rap like this:

Moi, j_ n_ j___ p__ a_ S_______,
Je n'a___ p__ b_______ l_ S_______.

Now practise until you don't need the support anymore!

Adapte la BD p 98 à l'aide de la feuille 2.
Par exemple, tu peux:

- changer les jeux
- changer les opinions
- écrire des phrases plus longues
- ajouter des bulles.

C'est comment, Pâques en France?

Learning objectives

Talking about special events (Easter, etc.)
Using verbs with *on*
Pronunciation: *-on-*
Making notes in listening
Speaking from notes

a Recopie et traduis **1–5** à l'aide d'un dictionnaire.

1 Pâques **2** décorer **3** (un) œuf **4** (une) église **5** manger

b Tu as une minute: mémorise ta liste au maximum.

c Tu as une minute: lis l'article.

Pâques, c'est en mars ou en avril. C'est comment, Pâques en France?

On ne décore pas beaucoup la maison, mais on décore des œufs, et on offre des œufs en chocolat. On écrit quelquefois des cartes pour la famille, mais pas beaucoup. Pour les copains? Non.

A Pâques, on travaille le vendredi, mais on ne travaille pas le lundi. Le lundi, on va quelquefois à l'église. On invite souvent la famille et on mange beaucoup: c'est la France!

d Réponds à l'aide de l'article.

7 on offre =	**a)** we make	**b)** we give	**c)** we eat
8 des cartes =	**a)** cards	**b)** a card	**c)** carts
9 on va =	**a)** we go	**b)** we like	**c)** we give
10 on mange =	**a)** I eat	**b)** you eat	**c)** we eat

e Lis et écoute l'article.

f Ecoute et dis «vrai» ou «faux».

g Ecoute et répète.

grammaire

Les verbes

The verbs in the article are used with *on*:

On décore des œufs – On travaille le vendredi – On mange beaucoup

On means 'we', or 'one' (= people in general, as in 'one does this', 'one does that'). For example:

En France, on mange beaucoup à Pâques.

In France, we eat a lot at Easter . . . or . . . In France, people eat a lot at Easter.

Therefore, even if you are not French, you can still say:

En France, on. . .

Verb endings with *on* are always the same as those you use with *il* or *elle* (see p 81 and p 82). ➡ eXpo

Regarde, écoute et répète.

1	on/a	on/o	on/ou	on/en
2	on va	on décore	on joue	on mange
3	on‿invite	on‿offre	on‿écoute	on‿aide

a Fais correspondre **1–6** avec **a–d**.

1 Pâques
2 L'Aïd-el-fitr
3 Dipavali
4 Hanoukka
5 Noël
6 La Pessah

une fête:
a juive
b chrétienne
c musulmane
d hindoue

b Vérifie à l'aide de la cassette.
Exemple 1 Pâques est une fête chrétienne. → *1b*

a Cherche **1–4** dans le dictionnaire.

1 porter
2 nouveau
3 (une) lampe
4 danser

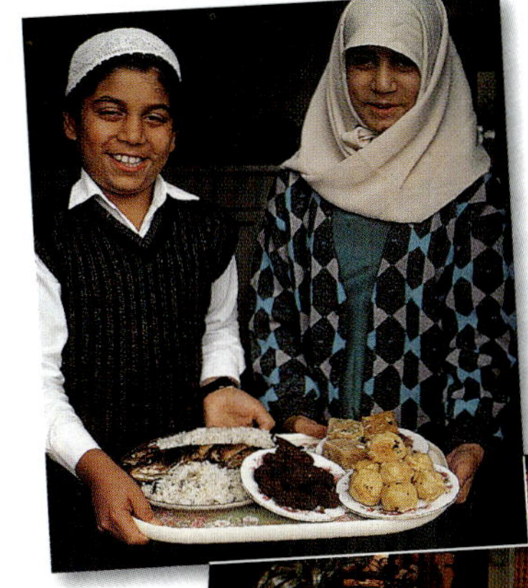

b Regarde les notes et écoute l'exposé sur Aïd-el fitr.

Aïd-el fitr - musulm. - super - nouveaux vêtem. - invite famille - mange beauc. - cartes fam. - cadeaux

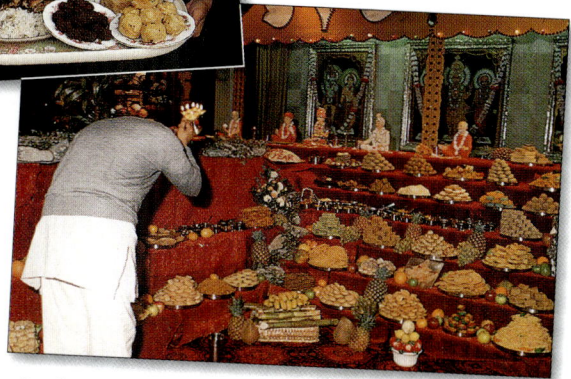

c Ecoute l'exposé sur Dipavali.

d Réécoute l'exposé sur Dipavali et prends des notes.

message

When making notes, don't try to write **everything** down:

- the most useful words are nouns, verbs or adjectives (see section **b**);
- you need not write the words in full: you can always complete them afterwards.

e Pratique un exposé sur Dipavali à l'aide de tes notes.

message

Remember to use *on*.

Challenge

Décris une occasion spéciale: écris un ou deux paragraphes. Tu peux illustrer ton travail avec des dessins ou des photos!

10

...reinforcement...recycling...extension

Learning objectives

Pronunciation: practising liaisons
Questions beginning with *C'est. . .*
Understanding instructions
Roundup of the present tense singular (*-er* verbs + common irregulars)

1 Prononciation

a Ecoute et répète.

anniversaire
mon – mon anniversaire
ton – ton anniversaire

b Ecoute et répète.

un – des – ordinateur – un ordinateur – des ordinateurs
un – ton – exemple – un exemple – ton exemple
mes – trois – animaux – mes animaux – trois animaux
cinq – des – œufs – cinq œufs – des œufs

2 Questions

a Recopie les paires, à l'aide d'*AnneXe* pp 4–22 si nécessaire.

C'est qui?	C'est quelle page?	Whose turn is it?	Who is this?
C'est où?	C'est comment?	Which page is it?	At what time is it?
C'est quand?	C'est à toi?	Is it alright?	When is it?
C'est à qui?	C'est à quelle heure?	Where is it?	Which exercise is it?
C'est quel exercice?	C'est bien?	Is it yours/your turn?	What is it like?

b Regarde le français et dis l'anglais de mémoire.

c Regarde l'anglais et dis le français de mémoire.

3 Instructions

Traduis **1–8**.

pp 77–80	pp 96–101
1 apprends par cœur	**5** pose la question
2 décris	**6** fais correspondre. . . avec. . .
3 la BD	**7** ajoute
4 coche	**8** traduis

These words have all been used several times in *Formule X* instructions. If you can translate some of them without help, well done!

Les verbes

This is a summary of what you have learnt about verbs so far.

- In the infinitive, French verbs end in *-er*, *-ir* or *-re*. For example:
  aimer (to like) **finir** (to finish) **apprendre** (to learn)

The great majority end in *-er*.

- In the present tense, most verbs ending in *-er* in the infinitive follow the same pattern as *travailler*. They are called regular *-er* verbs:

travailler	to work	
je travaille	I work	(note: **j'aime - j'ai - j'habite - j'écoute - j'apprends**)
tu travailles	you work	(note the **-s**)
il travaille	he works	
elle travaille	she works	
on travaille	we work, one works, people work	

- However, you have also come across some verbs that are different. Make sure you know them by heart:

avoir (to have)	j'ai	tu as	il/elle/on a
être (to be)	je suis	tu es	il/elle/on est
s'appeler (to be called)	je m'appelle	tu t'appelles	il/elle/on s'appelle
pouvoir (can, to be able to)	je peux	tu peux	il/elle/on peut

A toi!

a Recopie et complète **1–9**.
Exemple
1 On regarde plus la télé en Irlande.

b Vérifie à l'aide de la cassette.

c Vérifiez les verbes à deux.

1 On r_ _ _ _ _ _ plus la télé **en France/en Irlande**. (*to watch, look*)

2 On e_ _ souvent plus lent **à 25 ans/à 65 ans**. (*to be*)

3 On m_ _ _ _ plus de poisson **en France/en Angleterre**. (*to eat*)

4 Normalement, on v_ à l'église **le mercredi/le dimanche**. (*to go*)

5 En France, **on a_ _ _ /on n'a_ _ _ pas** beaucoup le Marmite. (*to like*)

6 Au collège, on t_ _ _ _ _ _ _ _ _ plus **en France/en Angleterre**. (*to work*)

7 On p_ _ _ _ _ _ les Télétubbies **au Pays de Galles/en France**. (*to prefer*)

8 Au collège, on a_ _ _ _ _ _ plus par cœur **en Ecosse/en France**. (*to learn*)

9 On p_ _ _ visiter Madame Tussaud **à Londres/à Paris**. (*can, to be able to*)

Jeu

Lis la description et trouve le jeu: **A**, **B**, **C**, **D** ou **E**?

A le Trivial Poursuite
B le Cluedo
C le Scrabble
D la bataille navale
E le Monopoly

1 On joue à deux. On dit une lettre et un nombre à tour de rôle. Objectif; trouver des bateaux.

2 On joue à deux ou plus. On a sept lettres et on fait des mots. Objectif: obtenir un maximum de points avec les mots.

3 On joue souvent à 3–5. On a des cartes et des petits objets (un revolver, etc.). Objectif: trouver le criminel.

4 On a de l'argent, un petit objet et un dé. On a souvent des maisons et des hôtels. Objectif: être le plus riche.

5 On joue à deux ou plus avec un dé. On répond à des questions. Objectif: obtenir un «camembert» complet.

Info 1

Le nouvel an chinois* – Le nouvel an, normalement, c'est le 1er janvier. Mais en Chine, c'est différent: le nouvel an chinois est en janvier ou en février. L'horoscope est très important en Chine, et les symboles sont des animaux: le rat, le serpent, etc.

C'est comment, le nouvel an chinois? C'est une festivité nationale (et internationale!) et on prépare beaucoup. Par exemple, on décore la maison. On prépare aussi des petits gâteaux avec un horoscope sur une feuille minuscule.

A la maison, on offre des cadeaux (normal!), on invite la famille et on mange beaucoup.

Et dans la rue*? On danse! C'est une sorte de carnaval. Par exemple, on danse avec des dragons: c'est une tradition très typique.

* le nouvel an chinois *Chinese New Year*
* dans la rue *in the street*

Info 2

Préférences des 15–20 ans:

Cinéma
Discothèque
Fête foraine
Concert de rock
Parc d'attractions
Match
Monument historique
Bal public
Musée
Théâtre
Concert de jazz
Cirque
Concert classique
Spectacle de danse
Opéra

Opinions

Tu aimes ces films? Donne un score de **0** à **10**:

a Retour vers le futur
b La fièvre du samedi soir
c Le retour du Jeidi
d La famille Addams
e L'île aux trésors
f Le retour du Saint
g La planète des singes
h Meurtre dans l'Orient Express
i Les aventures de Robin des Bois
j Quatre mariages et un enterrement

Sketch

Lis. . . et écoute le sketch.

Luc – Eva, c'est ton anniversaire, aujourd'hui!
Eva – Oui, oui, je sais. . .
Luc – C'est ton anniversaire! C'est ton anniversaire! Tu as quel âge, aujourd'hui?
Eva – 13 ans.
Luc – 13 ans! Eva a 13 ans! Eva a 13 ans!
Eva – Ouais, ouais, écoute, ça va!
Luc – Maman! Maman!
Maman – Qu'est-ce que c'est?
Luc – C'est Eva. Elle n'est pas drôle, aujourd'hui!
Maman – Eva, ça ne va pas?
Eva – Oh, ça va, ça va. . .
Maman – Tu as un problème?
Eva – Mais non, mais non. . .

(Le dialogue continue sur cassette. . .)

texto

Tu sors souvent?

Learning objectives

Saying how often you go out and where to
Asking others about the same thing
Constructing more complex sentences

1 **a** Ecoute **1–7** et choisis **a–g**.
Exemple **1f**

a

b

- **a** un cinéma
- **b** un parc
- **c** un club des jeunes
- **d** un centre sportif
- **e** un centre commercial
- **f** un bowling
- **g** un centre-ville

c

d

e

f

g

The words on cassette are all 'look-alikes', but of course their pronunciation is different in French.

b Association d'idées. Ecoute les mots: c'est où?
Exemple le trafic *Un centre-ville!*

2 **a** Pratiquez le dialogue à deux.

– Tu vas où?
– Je vais au centre-ville.
– Il y a un **centre sportif**?
– Oui, regarde.
– Tu vas souvent au **centre sportif**?
– **Bof, rarement.**

Attention!
un centre sportif = **a** sports centre
au centre sportif = **to the** sports centre

b A deux, à tour de rôle, pratiquez le dialogue plusieurs fois (several times), mais changez les mots en **caractères gras**.

3 **a** Tu sors souvent?
Fais huit réponses par phrases complètes à l'aide des notes (oral → écrit).
Exemple 1 Oui, je sors.

1 sors
2 sors – souvent
3 sors – pas – souvent
4 sors – souvent – copines
5 sors – pas – souvent – copains
6 sors – souvent – samedi
7 sors – souvent – 3 heures – samedi
8 sors – pas – souvent – dimanche

b ***Challenge***
Ecris la réponse la plus longue possible (une phrase).

4 **a** Lis le message e-mail → écoute et regarde le message.

Moi, je sors assez souvent. Je vais souvent au cinéma avec mes copains et mes copines, par exemple le samedi. Je vais aussi au bowling, par exemple quand c'est mon anniversaire: c'est très amusant. Mais je ne vais pas au centre sportif, parce que je n'aime pas du tout le sport.
Je vais souvent au centre commercial avec mon père, ma mère ou des copains. Le samedi, c'est très bruyant. Je vais quelquefois au parc parce qu'il y a des poissons. Je n'aime pas beaucoup le club des jeunes: avec mes copains, je préfère le cinéma... ou McDonald!
Je ne sors pas souvent le dimanche, parce que ma mère invite souvent la famille: on discute... on mange... Et je ne peux pas regarder la télé!
Et toi, tu sors souvent? Tu sors quand? Et tu vas où quand tu sors?

message

ligne 4: . . . **parce que** je. . .
ligne 8: . . . **parce qu'**il. . . (qu' + voyelle)
un ↔ le (masculin): Je n'aime pas beaucoup **le** club des jeunes.

b Ecoute le professeur et trouve le passage correct dans l'e-mail.
Exemple cinéma — Je vais souvent au cinéma.

c Pratiquez la lecture à deux: une phrase à tour de rôle.

d Fais la feuille 2.

e ***Challenge***
Et toi? Réponds: écris un message de 50 mots minimum.

Tu fais du sport?

Learning objectives

Saying what sports you play using ***jouer au***
Asking others about what sports they play
Giving longer answers when speaking and writing
Comparing oral and written work

Préférences sportives en France?

a Devine: classe les sports.
Exemple 1g, 2. . .

a golf	**c** basket	**e** volley-ball	**g** tennis
b football	**d** cricket	**f** rugby	**h** hockey

b Vérifie à l'aide de la cassette.

a Ecoute, regarde les dessins **a–h** et dis «vrai» ou «faux».

b Pratiquez à deux.
Exemple

Dessin f: je joue au hockey.

Vrai! Dessin d: je ne joue pas au golf.

Faux! Dessin. . .

Et toi? Tu fais du sport?
Ecris huit phrases, positives ou négatives, sur les sports p 108.
Exemples Je joue au football.
Je ne joue pas au rugby.

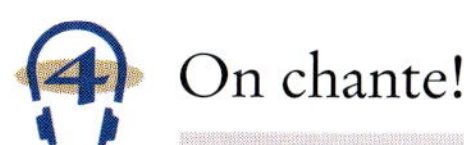
On chante!

Toi, tu fais du sport,
Tu joues au basket,
Moi, à la maison,
Devoirs, leçons,
Devoirs, leçons.

Tu vas au bowling,
Et au centre-ville,
Et moi, c'est comment?
J'aide mes parents,
J'aide mes parents.

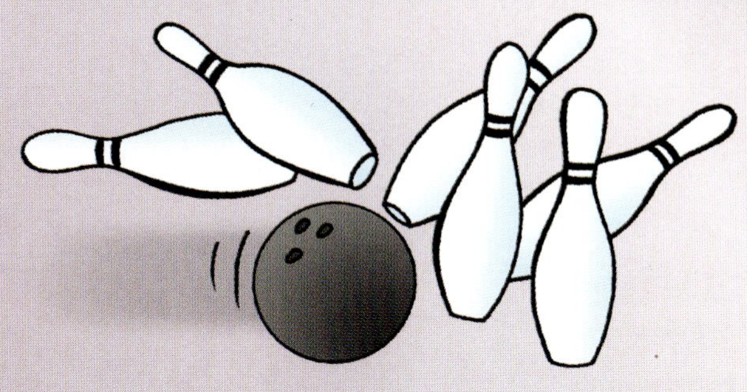

C'est la vie, c'est comme ça,
C'est la vie et ça ne va pas!
C'est la vie, c'est comme ça,
Oui mais voilà, ça suffit!
(x 2)

a «Tu joues au tennis?» Ecoute la réponse sur cassette.

b Et toi, tu joues au tennis? Improvise une longue réponse.

message 

Learning to speak at some length is important. Try to do this by:
– listening to the cassette model again if you need to;
– talking about tennis or any other sport;
– practising as many times as you need to with a partner;
– not using notes. Speak as you would do in real life!

Fais l'activité 5b par écrit: écris 25 mots minimum.

message 

En général, le style écrit est plus formel. Regarde la différence:

Travail oral

Au tennis? Oh, moi, tu sais, euh. . . pas beaucoup. Non. Je ne joue pas. . . euh. . . beaucoup au tennis. Mon frère. . . ah, oui, il joue beaucoup au tennis. Il adore le tennis! Ma mère aussi. Mais moi, bof, non, je n'aime pas ça.

Travail écrit

Moi, je ne joue pas beaucoup au tennis. Mais mon frère joue beaucoup parce qu'il adore ça. Ma mère aussi joue beaucoup au tennis, mais moi, je n'aime pas ça.

Et ta famille? Et tes copains?

Learning objectives

Describing other people's leisure activities (relatives', friends')
Using more verbs with *il/elle*
Using verbs with *ils/elles*
Recognising conjugated verbs in listening (*eXpress*)
Recognising 'look-alikes' in listening (sports)

– Amélie, tu aimes sortir?
– Moi, oui, j'aime beaucoup ça!
– Tu peux sortir quand?
– Le samedi. Je sors souvent le samedi.
– Tu aimes faire du sport le week-end?
– Non, je préfère aller au centre-ville.
– Tu vas au centre-ville avec ton frère Kévin ?
– Non, non, il fait du sport.
– Il va au centre sportif?
– Non, il va au parc.
– Et il sort beaucoup?
– Oui, il a 17 ans!

a Lis et écoute le dialogue.

b Ecoute les questions → trouve les réponses le plus vite possible.

c Recopie et complète la grille à l'aide du dialogue.

aimer (*to like*)	? (*to do*)	? (*to go*)	? (*to go out*)
j'aime	je fais	je vais	?
tu aimes	tu fais	tu vas	tu sors
il aime	?	?	?
elle aime	?	?	?
on aime	?	?	?

d Réponds par écrit, par phrases complètes, à l'aide du dialogue p 110.

e Pratiquez **1–5** à deux, mais de mémoire.

f Ça va, les verbes? Fais la feuille 3.

1 Amélie aime sortir?
2 Elle sort quand?
3 Elle aime faire du sport?
4 Kévin aussi va au centre-ville?
5 Il sort quelquefois?

2 **a** Regarde et écoute la BD.

b Recopie et complète **1–9** à l'aide de la BD.

1 il = he → ils = ?	**6** they are = ?
2 il sort = he goes out → ils sortent = ?	**7** they like = ils ?
3 they have = ?	**8** they adore = ils ?
4 they go = ?	**9** they work = ils ?
5 they do = ?	

c Compare **1–8** avec la BD: vrai ou faux?

1 Mes parents sortent souvent.	**5** Mes parents font quelquefois du sport.
2 Mon père et ma mère sortent rarement.	**6** Ils font beaucoup de sport.
3 Mes parents travaillent beaucoup.	**7** Mes parents aiment beaucoup le cinéma.
4 Ils vont quelquefois au bowling.	**8** Ils vont souvent au cinéma.

3 ***Challenge*** ✕

Imagine: tu es Vincent.
Recopie le paragraphe, et corrige les erreurs à l'aide de la BD.

Salut, je m'appelle Vincent. Mes parents sortent beaucoup parce qu'ils ne travaillent pas beaucoup. Ils ne vont pas au bowling, mais ils font souvent du sport parce qu'ils ne sont pas fatigués. Ils ne travaillent pas beaucoup, mais ils n'aiment pas le cinéma.

...reinforcement...recycling...extension

Learning objectives

Roundup of verbs in the present tense (singular + *ils/elles*)
Pronouncing verbs accurately
Sound discrimination (verbs)

grammaire

Stocktake on verbs in the present tense

- These verb forms were introduced on p 111:

mes parents aim**ent** (↔ aimer)	ils **vont** (↔ aller)
ils ador**ent** (↔ adorer)	ils **font** (↔ faire)
ils travaill**ent** (↔ travailler)	ils **ont** (↔ avoir)
mes parents sort**ent** (↔ sortir)	ils **sont** (↔ être)

- So, you have now come across verbs used with:

je or j'	↔	I
tu	↔	you
il	↔	he, or it (masculine animal or object)
elle	↔	she, or it (feminine animal or object)
on	↔	we, or one (= people in general)
ils	↔	they (masculine, or masculine and feminine together)
elles	↔	they (feminine)

- You know that many verbs end in *-er* in the infinitive and take these endings:

	Examples
(inf.) **-er**	**aimer** (to like)
je/j' + **-e**	j'aim**e**
tu + **-es**	tu aim**es**
il/elle/on + **-e**	il/elle/on aim**e**
ils/elles + **-ent**	ils/elles aim**ent**

- ... but you also know that some verbs are different and best learnt by heart:

aller (to go)	**avoir** (to have)	**être** (to be)	**faire** (to do)	**sortir** (to go out)
je vais	j'ai	je suis	je fais	je sors
tu vas	tu as	tu es	tu fais	tu sors
il/elle/on va	il/elle/on a	il/elle/on est	il/elle/on fait	il/elle/on sort
ils/elles vont	ils/elles ont	ils/elles sont	ils/elles font	ils sortent

- **Note:**

<u>Mon chien</u> aim**e** le sport – <u>Ben</u> aim**e** le sport → same ending as with *il/elle/on*
<u>Mes copines</u> sort**ent** – <u>Sarah et Lucy</u> sort**ent** → same ending as with *ils/elles*

- When two verbs follow one another, use the second one in the infinitive:

Tu **aimes jouer** au Scrabble? – Je **préfère surfer** sur Internet. – **Je peux** sortir?

 **a** Complète les phrases avec *vont*, *font*, *ont* ou *sont*.

1 Ils ? du sport ou ils ? des devoirs?
2 Mes parents ? quelquefois embêtants.
3 Tes copains ? une console vidéo?
4 Mes chats ? souvent au parc.

il mange – ils mangent
elle regarde – elles regardent
il joue – ils jouent
il aime – ils aiment – elles aiment
ils font – ils vont
ils sont – ils ont
je sors – il sort – ils sortent
je vais – tu vas – elle va – elles vont
je fais – il fait – ils font

b Regarde, écoute et répète.

Ils sont très embêtants.

3 Jeu

Pratique les verbes avec les feuilles **4–5**.

4 *Challenge* X

Recopie l'article p 100, mais remplace les verbes avec «on» par des verbes avec «ils».

message 

They write =
Ils écrivent (irregular)

5 Choisis un thème: **Mes parents** **Mes copains** **Mes copines**
Au choix: écris un paragraphe ou fais un exposé orale.

message 

- Take care with verb endings!
- You can use a combination of verbs in the plural and verbs in the singular.
  Example **Mes parents jouent** au tennis, mais **mon père préfère** la télévision!
- All the sports you learnt on p 108 are masculine. So, if you want to express opinions, use them with *le* (see p 98).
  Example Mes copines n'aiment pas le foot.

Info

- Les 3/4 des Français font une activité sportive. . . pas toujours très régulière. Les raisons: la forme physique, le plaisir et les copains.
- Les sports collectifs (le tennis, le foot, le basket . . .)? Bof, les Français préfèrent les sports individuels (le jogging, l'aérobic, le cyclisme. . .).
- Les hommes* préfèrent le jogging, le foot, le cyclisme et la natation.
- Les femmes* préfèrent la gymnastique (par exemple l'aérobic), la natation, le jogging et le cyclisme.

* hommes *men*; femmes *women*

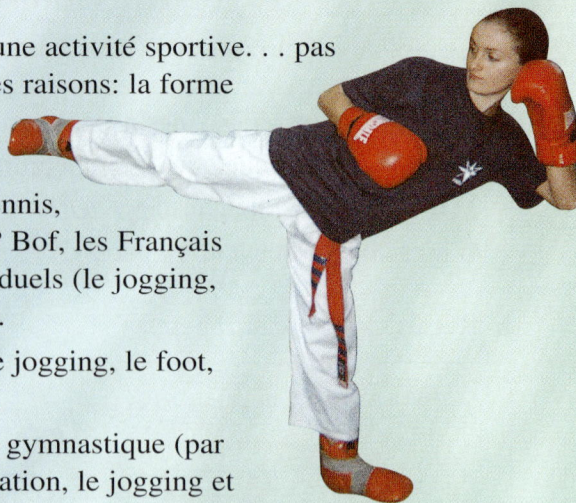

Jeu

Trouve les cinq intrus.

Objets pour la danse ou le sport.

une batte
un bâton
un ballon
une crampe
un crampon
un racket
une raquette
le tatami
du tiramisu
un disque
une disquette
un tutu
un toutou

Flash[1]

Cyclisme – Championnat du monde* sur piste: 9 médailles pour la France! La France a remporté 9 médailles, dont 6 d'or*, aux championnats du monde de cyclisme sur piste qui se sont achevés dimanche soir, à Bordeaux.

*monde *world*; or *gold*

Flash[2]

Marathon – le 23e Marathon de Paris a eu lieu dimanche dans la capitale. Au total, 22 000 participants sur 42km. Bravo au Kenya, avec Julius Ruto, et à la Roumanie, avec Christine Costea.

Flash[3]

Septembre 1998 – Record de France du 5 000 mètres en 13 minutes, 2 secondes et 15 centièmes. Bravo, Essaïd!

Quiz-sport

1. A Roland-Garros, on joue: **a)** au rugby; **b)** au foot; **c)** au tennis.
2. Michel Platini était: **a)** footballeur; **b)** joueur de tennis; **c)** joueur de rugby.
3. Anne-Marie Pérec est: **a)** athlète; **b)** joueuse de basket; **c)** joueuse de handball.
4. Alain Prost était: **a)** footballeur; **b)** champion de Formule 1; **c)** danseur classique.
5. On joue à la pétanque avec: **a)** un ballon; **b)** des boules; **c)** une batte.
6. Le Tour de France est: **a)** de l'athlétisme; **b)** du cyclisme; **c)** du tennis.
7. Monsieur Coubertin a inventé: **a)** les Jeux Olympiques modernes; **b)** les 24h du Mans; **c)** le Tour de France.
8. La Marseillaise est: **a)** un stade de football; **b)** l'hymne national français; **c)** une ville en France.
9. **a)** 35%; **b)** 53%; **c)** 68% de Français de14–65 ans font du sport régulièrement.

Flash[4]

Violence dans les stades de football dans le département de Seine-Saint-Denis, à proximité de Paris. Conséquence: tous les matchs de football amateurs sont annulés* pour le moment. C'est une catastrophe, parce qu'il existe 30 000 amateurs en Seine-Saint-Denis.

*annulés *cancelled*

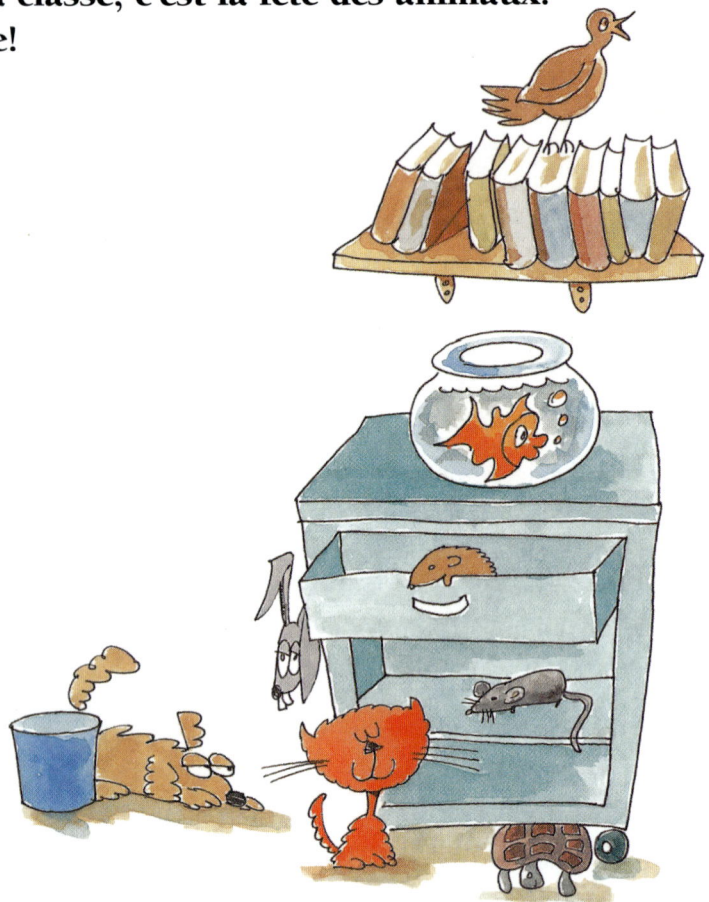

Où est ma tortue?!?

Learning objectives

Asking and saying where things are (pets and classroom furniture)
Using prepositions (*sur*, *dans*, etc.)
Using *de/d'* to express possession ('s in English)

Aujourd'hui, dans la classe, c'est la fête des animaux. Mais. . . catastrophe!

a Ecoute **1–8** et regarde → dis vrai ou faux.
Exemple
1 Le chat est sous le placard.
Faux!

b Ecoute **9–16**.
C'est vrai? → Répète.
C'est faux? → Dis «non» et corrige.

c Pratiquez oralement à deux ou en groupe: improvisez des phrases vrai/faux.

d Recopie les phrases **1–5** correctement.

1. Le chat est **devant/derrière** le placard.
2. Le hamster est **sous/dans** le tiroir.
3. L'oiseau est **sur/dans** l'étagère.
4. Le lapin est **devant/derrière** le placard.
5. Le chien est **entre/sur** la poubelle et le placard.

e Ecris cinq phrases fausses → échange avec ton/ta partenaire → corrige les phrases de ton/ta partenaire.

f Jouez à deux ou en groupe.
Exemple

A: Où est le chat?
B: (de mémoire) Il est devant le placard.
A: Oui: un point!

Activity 1f on p 116 introduced *Où est. . . ?* ('Where is. . .?').
How would you say 'Where are. . .?' More on this in *eXpo*!

2 **a** Ecoute **1–10** et regarde les photos: ✔ ou ✘?

Exemples

C'est le poisson de Swann? → ✘ C'est le chien d'Adrien? → ✔

grammaire

La possession avec: . . . *de/d'* . . .

- Look at the difference between English and French:
  Swann's fish – Le poisson de Swann (↔ 'the fish of Swann')
  Adrian's dog – Le chien d'Adrien (↔ 'the dog of Adrian')
  French doesn't use **'s** to indicate possession.
- Notice the difference between **de** Swann and **d'**Adrien.
- Because possession is so different in French always be very careful!

b Ecris une phrase par animal.

Exemple

C'est le hamster de Swann.

3 Lis **1–4** à l'aide d'un dictionnaire, et imagine. . . pour le plaisir!

1 Regarde! Les jambes de Michael Jackson sur le corps de Madonna!
2 C'est impossible! Le fantôme d'Henry VIII dans le palais de la Reine!
3 Ce n'est pas vrai! Le chapeau de Napoléon sur la tête de Wellington!
4 Imagine! La coiffure de Lili Savage sur la tête du Premier ministre!

12

Ton hamster dort souvent?

Learning objectives

Talking and asking about pets' routines (new verbs + time phrases)
Making the link between conjugated verbs and their infinitives

a Ecoute et dis le numéro (dessins **1–6**).
Il y a une erreur? Dis: «C'est faux!»

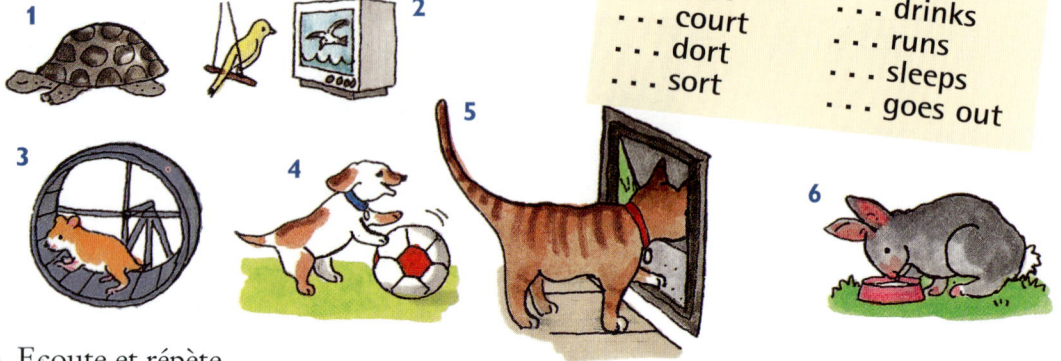

il/elle. . .	he/she/it. . .
. . . mange	. . . eats
. . . boit	. . . drinks
. . . court	. . . runs
. . . dort	. . . sleeps
. . . sort	. . . goes out

3 4 5

b Ecoute et répète.

1 dort/sort **2** dort/court **3** sort/court **4** court/boit **5** sort/boit **6** dort/boit

c Fais des phrases à l'aide des dessins.
Exemple **1** *La tortue dort.*

a Devine et complète.

1 sortir = to go out **2** courir = **?** **3** dormir = **?** **4** boire = **?**

b Ecoute le professeur et donne des réponses positives.
Exemple

Ton chien court beaucoup?

Oui, il aime courir.

c Ecoute le professeur et réponds.
Exemple

Ton chien aime courir?

Oui, il court beaucoup.

3 Recopie et complète les phrases.

1 Mon oiseau ne dort pas _.
2 Ma tortue ne _ pas très vite!
3 Mon hamster _ court pas beaucoup.
4 Ton chien aime _ au football?
5 Mon lapin _ de la Guinness? Mais non!
6 Mon chat _ jouer avec moi.

ne boire courir souvent préfère joue pas boit court jouer rarement

4 Jouez à deux.

- En secret, écris cinq phrases. Utilise toutes (all) les expressions.

> **Mon chien mange/boit/sort/court/dort. . . le matin/ à midi/l'après-midi/le soir/la nuit.**

Exemples *Mon chien dort le matin.*
Mon chien. . .

- Objectif: deviner les phrases de ton/ta partenaire à l'aide de questions oui/non.

Ton chien mange le matin?
Non. Ton chien sort le soir?
Oui. Ton chien mange la nuit?

5 **a** Ecoute Paul et classe **1–7** dans l'ordre chronologique.

Prince, le chien de Paul, . . .

1 . . . sort.
2 . . . boit, mais il ne mange pas.
3 . . . mange et boit.
4 . . . mange beaucoup.
5 . . . dort et joue.
6 . . . dort et court.
7 . . . joue tout seul.

b Réécoute Paul et complète tes réponses (section a) avec:

le matin
à midi
l'après-midi
le soir
la nuit

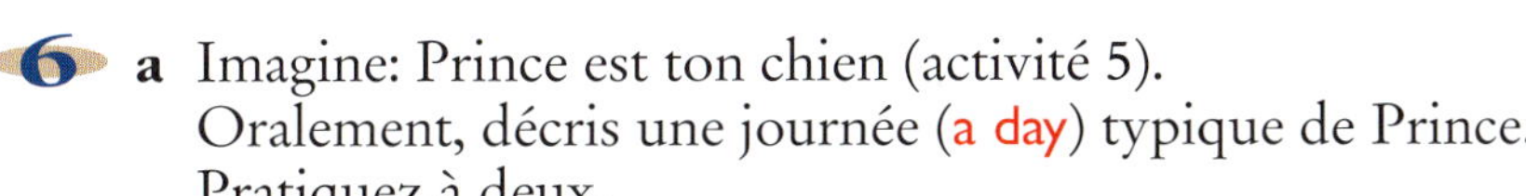

6 **a** Imagine: Prince est ton chien (activité 5).
Oralement, décris une journée (a day) typique de Prince.
Pratiquez à deux.

b Par écrit, décris une journée typique de ton animal.
Tu n'as pas d'animal? Imagine!

message X

La variété, c'est important. Suggestions: tu peux utiliser
- des verbes avec **il/elle**
- **il aime/n'aime pas/préfère/adore/peut** + infinitif
- **le matin, à midi**, etc.
- **à 3h00**, etc.
- **et, mais, par exemple, parce que**, etc.
- **rarement, quelquefois, souvent**

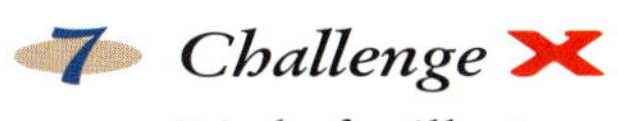

7 ***Challenge X***

Lis la feuille 2.

12

Mon chien et moi

Learning objectives

Saying what you and someone else do or are doing
Asking others what they are doing (at home, at school or outside)
Introduction to verbs with *nous* and *vous*
Difference between *on* and *nous*, and between *tu* and *vous*

1 **a** Lis la BD et trouve les deux verbes.

b Devine: *nous jouons* = ?

Tu joues tout seul?
Non, avec mon chien.
Dans la maison?
Non! Nous jouons dans le garage.

grammaire

Les verbes avec *nous* et *on*

So, you know now there are two words for 'we' in French: *on* and *nous*.
Exemple On joue – Nous jouons
Why? → Read *AnneXe* (*Les verbes*) pp 58–59 several times.
→ Re-explain in your own words to check that you really understand.

2 **a** Classe les phrases **1–7** dans l'ordre des dessins **a–g**.

1 Le mercredi, nous avons musique.
2 Le samedi, nous travaillons dans le garage.
3 Le mardi, nous allons au parc.
4 Le lundi, nous faisons les courses.
5 Le jeudi, nous regardons la télé.
6 Le dimanche, nous sommes trop fatigués!
7 Le vendredi, nous jouons dans le jardin.

b Vérifie à l'aide de la cassette.

A

B

C

3 Imagine: tu es le martien avec ton chien (dessins **a–g**).
Regarde et écoute **1–7** → réponds **oui** ou **non**.

1 Vous allez au parc le jeudi?
2 Vous avez musique le mercredi?
3 Vous êtes fatigués le dimanche?
4 Vous jouez dans le jardin le lundi?
5 Vous travaillez dans le jardin le vendredi?
6 Vous regardez la télé le samedi?
7 Vous faites les courses le lundi?

grammaire

Les verbes avec *tu* et *vous*

Traduis: Vous allez
Vous jouez
Vous avez

There are two words for 'you' in French: *tu* and *vous*.
Exemple Tu joues – Vous jouez

Why? → Read *AnneXe* (*Les verbes*) pp 58–59 several times.
→ Re-explain in your own words to check that you really understand.

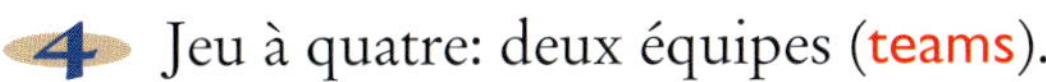

4 Jeu à quatre: deux équipes (teams).

- En secret, chaque équipe écrit 7 phrases, avec un verbe de la liste dans chaque phrase:

Nous jouons | Nous travaillons | Nous regardons
Nous allons | Nous faisons | Nous avons | Nous sommes

- A tour de rôle, posez des questions oui/non à l'autre équipe (to the other team).
Utilisez les verbes:

Vous jouez. . . ? | Vous travaillez. . . ? | Vous regardez. . . ?
Vous allez. . . ? | Vous faites. . . ? | Vous avez. . . ? | Vous êtes. . . ?

Objectif: découvrir (to discover) un maximum de phrases.

12

...reinforcement...recycling...extension

Learning objectives

Verbs in the present tense singular and plural (-*er* verbs, *avoir*, *être*, *aller* and *faire*)
Pronouncing verb endings accurately
Producing quality writing (variety)

grammaire

Les verbes au présent

- You have now come across these five verbs in full. You will usually find verbs presented in this way in grammar summaries:

(infinitif)	regarder	aller	faire	avoir	être
je/j'	regarde	vais	fais	ai	suis
tu	regardes	vas	fais	as	es
il/elle/on	regarde	va	fait	a	est
nous	regardons	allons	faisons	avons	sommes
vous	regardez	allez	faites	avez	êtes
ils/elles	regardent	vont	font	ont	sont

- Most verbs ending in -*er* in the infinitive take the same endings as *regarder*. Examples:

adorer	chanter	dessiner	jouer	recopier
aider	corriger	écouter	pratiquer	surfer
aimer	décorer	inviter	préparer	travailler

- Some verbs, like *aller*, *faire*, *avoir* and *être*, are different. Learn them by heart.
- Pronunciation practice (+ cassette):

1 je regarde – ils regardent
vous regardez – ils regardent

2 je fais – ils font
nous faisons – vous faites

3 aller – vous allez
je vais – ils vont

4 nous avons – vous avez
nous avons – ils ont

5 tu es – vous êtes
nous sommes – ils sont

6 nous avons – nous allons
ils ont – ils sont

On chante!

Nous, nous faisons les courses,
C'est vrai, vous faites les courses.
Nous avons du travail,
Vous avez du travail.
Nous ne jouons pas beaucoup,
Vous ne jouez pas beaucoup.
Nous n'allons pas au parc,
Vous n'allez pas au parc.
Hé!
Vous travaillez! *Nous travaillons!*
Mais regardez! *Nous regardons!*

Le matin, le midi, l'après-midi, le soir, la nuit,
Vous êtes très fatigués, dormez, dormez, et bonne nuit!
Nous sommes très fatigués, dormons, dormons, et bonne nuit!

grammaire

Pratique les verbes avec la feuille 4.

Sketch

a Regarde et écoute le dialogue.

b Ecoute et recopie les questions **1–6** → Réponds par phrases complètes.

- Marc, regarde: 8h00!
- Oui, oui, je sais!
- Mais vite, plus vite!
- Maman! Où sont mes livres?
- Je ne sais pas, moi. . . Euh, ils sont sur la table.
- Et mes cahiers? Ah! Ils sont sous la table.
- Et pourquoi sous la table!
- Papa, tu as mon dictionnaire?
- Il est dans le placard, non?
- Mais non, c'est le dictionnaire de papa!
- Ah, regarde: il est sur l'étagère.
- Tu vas au collège avec des copains?
- Oui, et ce soir, nous allons au cinéma.
- Vous allez au cinéma?
- Oui, à 7h00.
- Mais vous avez des devoirs!
- Oui, mais nous avons le week-end!

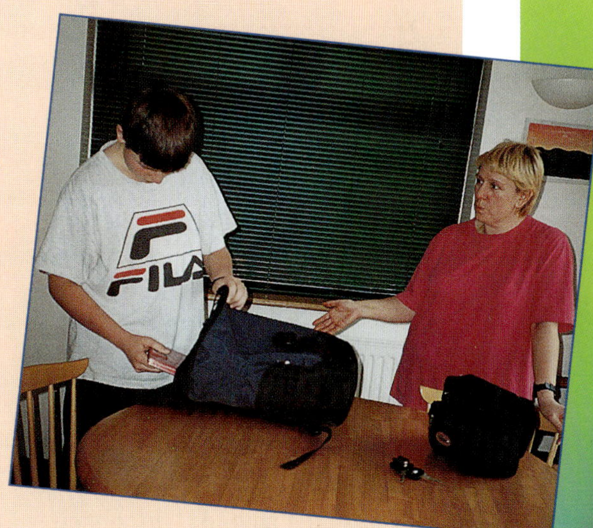

Challenge

Travaillez à deux ou plus. Au choix:

- Ecrivez un dialogue.
  Le thème: **A la maison**.
  → Jouez le dialogue.
- Ecrivez une lettre.
  Le thème: **Ma famille**.
  → Lisez la lettre à voix haute.

Utilisez (use) au minimum:

– deux prépositions: **sur**, **dans**, etc.
– **où est. . . ?**
– **où sont. . . ?**
– **de** ou **d'** (possession)
– un verbe avec **nous**
– un verbe avec **vous**

Carte

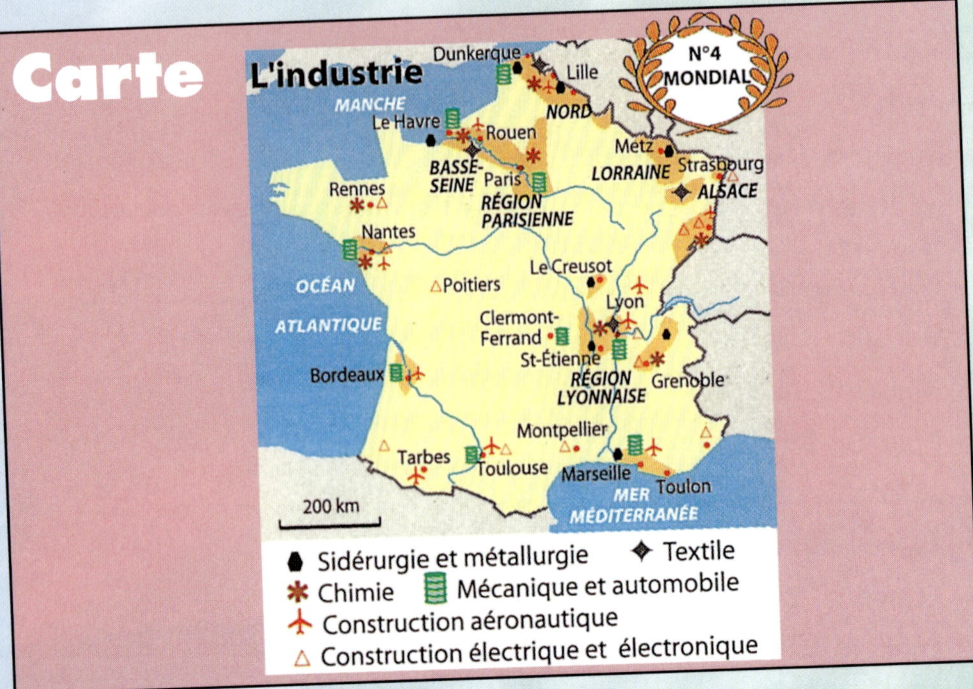

Quiz-sciences

1 Le vaccin B.C.G. est pour: **a)** la polyo; **b)** la tuberculose; **c)** la pneumonie.

2 Le TGV est: **a)** un vaccin; **b)** un train; **c)** une épidémie.

3 Trouve l'intrus: **a)** l'estomac; **b)** l'intestin; **c)** le crâne; **d)** l'œsophage.

4 Le Français Pasteur a inventé un vaccin contre: **a)** les allergies; **b)** la rage; **c))** l'hépatite.

5 Marie Curie a découvert: **a)** le plutonium; **b)** l'uranium; **c)** le radium.

6 Le cyanure est un métal: oui / non.

7 On utilise l''arsenic uniquement comme (*as*) poison: oui / non.

8 La France a fait exploser sa première bombe nucléaire A en: **a)** 1949; **b)** 1952; **c)** 1960; **d)** 1974

9 Ariane est: **a)** une fusée* européenne; **b)** un satellite européen; **c)** un satellite français

10 Première génération d'ordinateurs: **a)** 1942; **b)** 1946; **c)** 1952

*une fusée *a rocket*

Marie Curie

Pasteur

Jeu

Dans un parc, il y a:

– quatre copains: Elisa, Thomas, Mehmed et Zoë;
– quatre chiens; un chien amusant, un chien embêtant, un chien rapide et un chien lent.

Le chien de Mehmed est embêtant.
Le chien de Zoë n'est pas amusant.
Le chien lent n'est pas le chien d'un garçon.
Le chien de Thomas n'est pas rapide.
Le chien de Zoë n'est pas lent.

Trouvez les quatre paires.

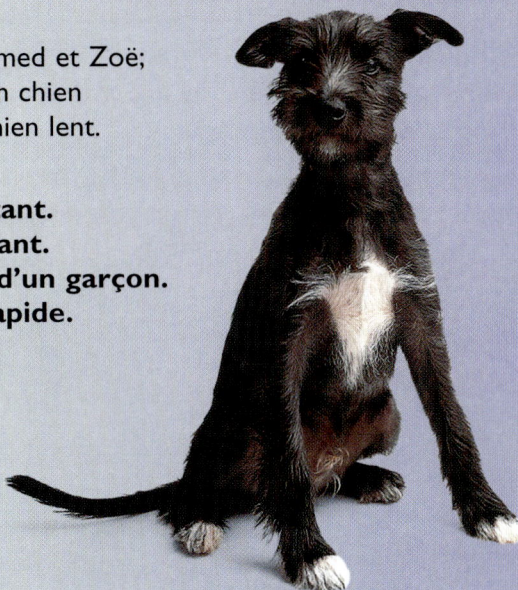

Pour mon anniversaire? Je voudrais. . .

Une tortue sur une dune. . .

Un lapin dans un sapin. . .

Un hamster derrière des hélicoptères. . .

Un serpent devant quarante éléphants. . .

Et une souris sous un ouistiti!

Tu vas où?

Learning objectives

Saying where you are going and when (places in town)
Asking others where they are going and when
Using *aller au/à la/aux/chez...*

1 Trouve les huit phrases → vérifie avec la cassette.

1 Je vais au cinéma... **2** Je vais au club des jeunes... **3** Je vais au centre sportif... **4** Je vais à la piscine... **5** Je vais à la bibliothèque... **6** Je vais à la cafétéria... **7** Je vais aux magasins... **8** Je vais chez mes grands-parents...	... parce que j'aime...	**a** ... le crawl. **b** ... faire les courses. **c** ... danser. **d** ... beaucoup ma famille. **e** ... lire. **f** ... boire avec mes copines. **g** ... le basket. **h** ... les films drôles.

grammaire

Je vais au... / à la... / aux...

- Look at sentences **1–7** again. Try to guess when to use *au*, *à la* or *aux* when saying that you are going to a place.

  ? + masculine singular noun.
  ? + feminine singular noun.
  ? + plural noun (masculine or feminine).

- Sentence **8** uses *chez* instead. This is because *grand-parents* are people, not a place:

  Nous allons chez ma sœur. – We are going to my sister's.
  Tu vas chez ton copain? – Are you going to your friend's?
  Je vais chez Monsieur Pivot. – I'm going to Mr Pivot's.

2 Jouez aux cartes à deux (feuille 1):

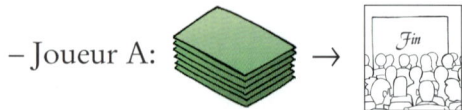

– Joueur A:  → 

– Joueur B: 3 essais (attempts) maximum:

Tu vas chez Madame Cantona?
Non.

Tu vas au cinéma?
Oui! Tu as un point. A toi!

Vous avez des projets (plans)?

a Pratiquez oralement, à deux, avec la grille-jeu (games-grid).

Exemple

3d?

Ce soir, je vais aux magasins.

message 

this morning/afternoon/evening = **ce** matin – **cet** après-midi – **ce** soir
on Saturday morning/afternoon/evening = samedi matin/après-midi/soir

b Ecris six phrases à l'aide de la grille-jeu → écoute la cassette.
Tu as des phrases identiques? Coche ✔ tes phrases.

c Circule dans la classe avec tes six phrases.
Objectif: trouver un maximum de phrases identiques à tes phrases.

Exemple

Je vais à la piscine samedi matin. Et toi?

Moi aussi!

Moi, non.

C'est samedi matin.
Ecoute le dialogue et complète l'agenda de Maxime dans l'ordre chronologique.

samedi	piscine	*dimanche*	

13

Nous allons au cinéma?

Learning objectives

Saying and understanding the time (continued from Unit 7)
Making plans for going out (time + meeting place)
Present tense of *sortir*

1 **a** Regarde, écoute et répète.

b Fais correspondre **1–10** et **a–j**.

a Il est trois heures et demie.
b Il est trois heures moins le quart.
c Il est deux heures et demie.
d Il est sept heures et demie.
e Il est trois heures et quart.
f Il est cinq heures et demie.
g Il est sept heures moins le quart.
h Il est sept heures et quart.
i Il est midi et quart.
j Il est huit heures moins le quart.

message 

Attention! 2h45 = trois heures moins le quart (quarter to **three**).

2 **a** Ecoute **1–8** et complète les dessins **1–8** (feuille 2).

b A deux, utilisez les dessins **9–20** (feuille 2) au maximum.
Objectif: pratiquer l'heure.

3 **a** Regarde et écoute le dialogue p 129.

b Ecris le verbe **sortir** avec **je**, **tu**, **il**, etc., à l'aide du dialogue.

c Vérifie dans *AnneXe* p 61.

d Apprends le verbe **sortir** par cœur.

Damien - Allô, Brigitte? C'est Damien.
Brigitte - Ah, salut Damien! Ça va?
Damien - Oui, oui, mais je suis tout seul. Tu sors aujourd'hui?
Brigitte - Papa, maman! Vous sortez cet après-midi?
Maman - Oui, nous sortons à trois heures.
Brigitte - Vous allez où?
Maman - Nous allons chez ta grand-mère.
Brigitte - Damien, mes parents sortent.
Damien - Ah oui?
Brigitte - Maman, je peux inviter Damien? Il est tout seul.
Maman - Tu ne préfères pas sortir?
Brigitte - Ah, oui! Damien, on va au centre-ville?
Damien - D'accord. Rendez-vous où?
Brigitte - Euh. . . je ne sais pas. Devant le cinéma?
Damien - D'accord. Et. . . rendez-vous à quelle heure?
Brigitte - Maman, il est quelle heure?
Maman - Il est deux heures cinq.
Brigitte - Damien, rendez-vous à deux heures et demie?
Damien - Rendez-vous à deux heures et demie, devant le cinéma!

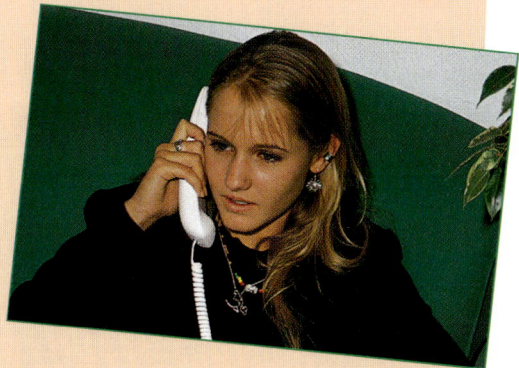

a Fais correspondre les questions **1–6** et les réponses **a–h**, à l'aide du dialogue.
Attention: il y a deux réponses-pièges (trick answers)!

1 Brigitte est toute seule?	**a** Damien.
2 Qui est tout seul à la maison?	**b** A deux heures et demie.
3 Damien voudrait sortir quand?	**c** Non, avec ses parents.
4 Les parents de Brigitte sortent à quelle heure?	**d** A trois heures.
5 Où vont les parents de Brigitte?	**e** Devant le cinéma.
6 Le rendez-vous, c'est où?	**f** Chez la grand-mère.
	g Brigitte.
	h Cet après-midi.

b Ecris des réponses par phrases complètes.

Inventez un dialogue à deux.
Le thème: **On sort?**

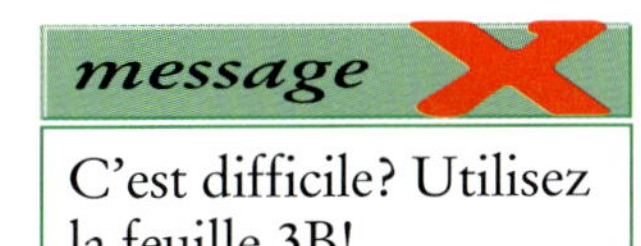

C'est difficile? Utilisez la feuille 3B!

A la cafétéria

Learning objectives

Asking for drinks or ice creams you want
Recycling useful structures (*eXpress*)

1 **a** Ecoute **1–10** et écris les lettres (**a–j**).

a b c d e f g h i j

b Recopie **1–10** par ordre de préférence.

un coca | une glace à la vanille | une glace à la fraise
un orangina | un café | un chocolat chaud | une limonade
une glace au chocolat | un thé | un milk-shake

2 Ecoute et regarde **1–6** → Identifie les problèmes: **a** ou **b**?

1a Il veut un café.
b Il veut un thé.

2a Elle veut une glace à la fraise.
b Elle veut une glace à la vanille.

3a Il a une glace au chocolat.
b Il veut une glace au chocolat.

4a Elle aime les glaces, mais pas le chocolat.
b Elle aime le chocolat, mais pas les glaces.

5a Il veut un orangina.
b Il veut une limonade.

6a Elle veut un thé.
b Elle veut un milk-shake.

je veux = I want   tu veux = you want   il/elle veut = he/she wants

3 On chante?

Je travaille dans un café
Matin, midi, après-midi,
Je travaille dans un café
Le soir aussi, le soir aussi.
Un milk-shake, une limonade,
Un thé, un orangina.
Une glace à la vanille,
Un coca et un café.
Voilà une glace à la fraise,
Et une glace au chocolat.
Pour vous, un grand chocolat chaud,
Et pour mademoiselle, voilà!

(→ Répétez les lignes 1–4)

a Regarde et écoute la scène 1 → Pratiquez à deux.

b Recopie la scène 2 dans l'ordre correct → Vérifie à l'aide de la cassette.

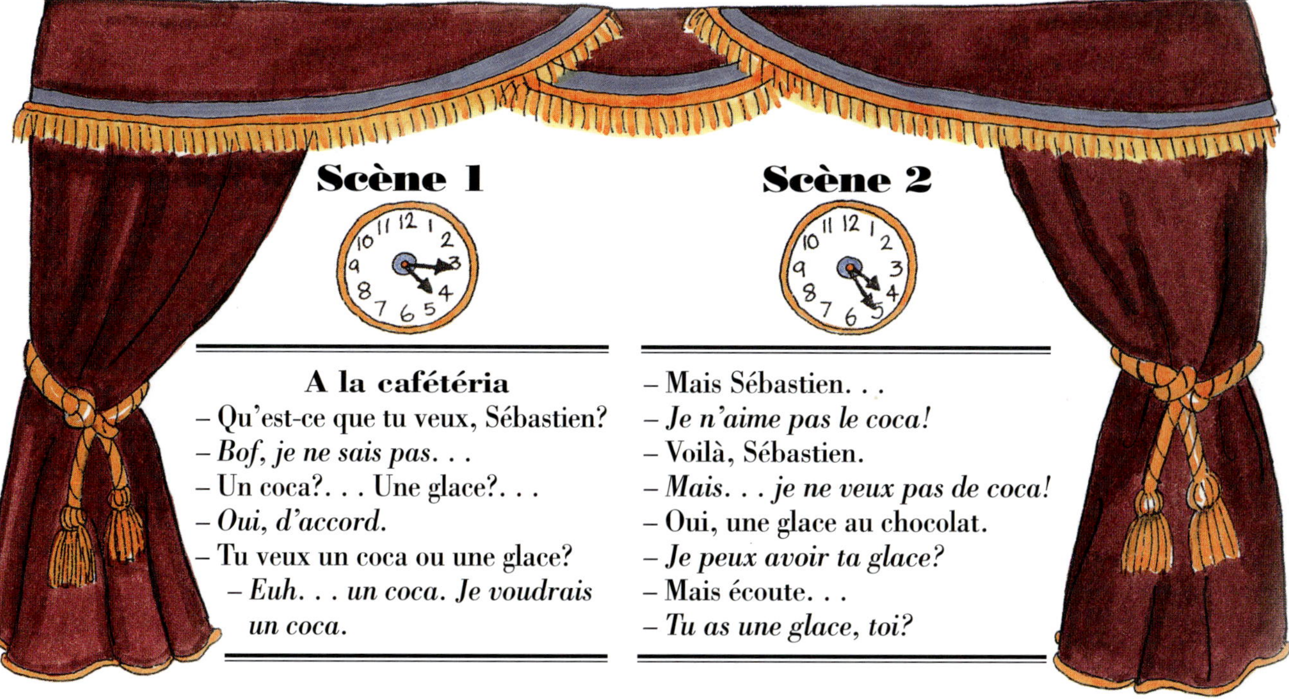

Scène 1

A la cafétéria

– Qu'est-ce que tu veux, Sébastien?
– *Bof, je ne sais pas. . .*
– Un coca?. . . Une glace?. . .
– *Oui, d'accord.*
– Tu veux un coca ou une glace?
– *Euh. . . un coca. Je voudrais un coca.*

Scène 2

– Mais Sébastien. . .
– *Je n'aime pas le coca!*
– Voilà, Sébastien.
– *Mais. . . je ne veux pas de coca!*
– Oui, une glace au chocolat.
– *Je peux avoir ta glace?*
– Mais écoute. . .
– *Tu as une glace, toi?*

Inventez un sketch à deux ou en groupe. Le titre: **A la cafétéria.**

Challenge ✕

Tu veux des conseils (advice)? Ecoute la cassette!

...reinforcement...recycling...extension

Learning objectives

Taking stock of useful grammar points
Pronunciation practice
Grammar: creating new sentences
Understanding longer questions

grammaire

Using *au*

Some words – like *au* – are used for a variety of purposes and can be translated in a variety of ways:

J'habite ***au*** pays de Galles – I live in Wales (*au* + masculine singular country)
Je joue ***au*** Cluedo – I play Cluedo (*au* + masculine singular game or sport)
Je vais ***au*** cinéma – I go to the cinema (*au* + masculine singular place)
Une glace ***au*** chocolat – A chocolate ice cream (*au* + masculine singular flavour)

What do the four examples have in common, though?

Qu'est-ce que. . . ?

You have come across *Qu'est-ce que. . . ?* in several different questions:

a Qu'est-ce que c'est? What is it?
b Qu'est-ce que tu fais? What do you do/What are you doing?
c Qu'est-ce que tu as? What do you have/What have you got?

Qu'est-ce que c'est?!?
C'est une souris sur ma glace au chocolat. Pourquoi?

A toi!

Ecoute les réponses **1–8**. Pour chaque réponse, trouve la question (**a–c**).

Prononciation

Pratique à l'aide de la cassette.

Je voudrais un milk-shake à la fraise.
Natasha boit un coca dans un cinéma.
L'oiseau d'Arnaud boit du chocolat chaud.
Vous préférez regarder la télé ou écouter des CD?
Madame Vanille pratique la musique avec sa gerbille timide.

grammaire X

Grammar gives you the power to combine words in many ways.
For example, you know that when you have two verbs in a row, the second one is always in the infinitive (see p 92). This enables you to create many more sentences!

A vous!

a A deux, faites un maximum de phrases orales.

Je peux Je voudrais Tu voudrais Tu aimes Je n'aime pas Tu préfères J'adore	sortir avoir aller manger dormir travailler jouer	une glace au centre sportif un petit frère au centre-ville dans le jardin au cinéma ce soir sur mon ordinateur avec Damien	?

b Ecris 10 phrases minimum à l'aide des quatre colonnes → écoute la cassette.
Tu as des phrases identiques? Coche ✔ tes phrases.

4 Questions

Les questions, c'est important! A deux, trouvez les 10 questions (feuille 4).

Quand tu vas à la cafétéria au centre-ville le samedi après-midi, tu préfères manger une glace à la vanille avec tes grands-parents ou boire un chocolat chaud avec tes copains?
Euh. . . tu peux répéter la question?

message X

Divide **feuille 4** into two between you and your partner, so that you each have one half. You mustn't look at your partner's half: only communicate through speaking and listening to each other.

5 *Challenge* X

Qui peut sortir avec qui? Trouve les trois couples possibles.

Paul ne veut pas sortir avec Kévin, Lucille ou Paloma.
Kévin ne veut pas sortir avec Ahmed, Paloma ou Julie.
Ahmed ne veut pas sortir avec Paul ou Julie.
Lucille ne veut pas sortir avec Ahmed ou Julie.
Paloma ne veut pas sortir avec Lucille.
Julie n'a pas de préférences.

Quiz-délices

Utilise ton dictionnaire au minimum.

1 Le mot «chocolat» est d'origine: **a)** aztèque; **b)** brésilienne; **c)** argentine.

2 Dans une bouteille d'un litre, on peut mettre: **a)** 1kg de chocolat; **b)** 1kg de polystyrène.

3 Popeye mange: **a)** du céleri; **b)** des avocats; **c)** des épinards.

4 Le citron est: **a)** un cocktail; **b)** un poisson; **c)** un fruit.

5 Trouve l'intrus: **a)** la truite; **b)** le poisson-chat; **c)** le saumon; d) la sardine.

6 La tomate est un fruit? **a)** oui; **b)** non.

7 La pizza est d'origine: **a)** française; **b)** espagnole; **c)** italienne.

8 On fait le tofu avec: **a)** du poisson japonais; **b)** du soja; **c)** des céréales.

9 Le couscous est d'origine: **a)** asiatique; **b)** espagnole; **c)** africaine.

10 Classe les préférences des 15-19 ans: **a)** le couscous; **b)** le steak-frites; **c)** le hamburger.

du couscous

- En France, on ne mange pas beaucoup dans la rue*.
- 12% de Français mangent entre les repas*.
- 50% d'adultes français mangent rarement des bonbons.
- Il y a de plus en plus de restaurants *fast-food*, mais le *take away* n'est pas une tradition française.
- En France, un adolescent peut aller dans un café, mais il ne peut pas boire d'alcool (âge minimum: 18 ans). Par tradition, dans un café, on donne un pourboire*.

*rue = *street* *repas = *meals* *pourboire = *tip*

BD

Et la glace: petite, moyenne, grosse ou maxi?

La glace? Super-ultra-hyper-méga géante, s'il vous plaît!

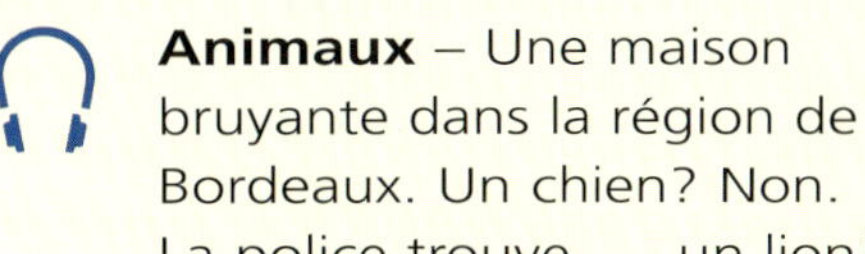

Flash

Animaux – Une maison bruyante dans la région de Bordeaux. Un chien? Non. La police trouve. . . un lion!

Accident – Résultat d'une collision: une tonne de chocolat belge sur la route*!

Astérix – Bravo au film *Astérix et Obélix contre César*: 8 millions de spectateurs en France en cinq semaines*.

Collège – Objectif numéro un des filles* de 11 à 16 ans: réussir* au collège.

Grands-mères – A Poitiers, concours* Super Mamie pour la grand-mère la plus dynamique. Qui gagne? Une grand-mère de 71 ans.

Travail – En Grande-Bretagne, 2 millions d'enfants de 12 à 16 ans travaillent. Fractures, problèmes musculaires, etc.: 50% sont victimes d'accidents.

*route = *road*
*semaines = *weeks*
*filles = *girls*
*réussir = *to succeed*
*concours = *competition*

14 Ah, les parents!

Mon père n'est pas très sportif

Learning objectives

Saying what people are like (personality)
Using irregular adjectives in the feminine (*-eur/-euse; -eux/-euse; -if/-ive*)
Using reading and listening to draw conclusions

1 **a** Choisis un adulte masculin et dessine une grille. En secret, donne un score à chaque adjectif.

Exemple

	Mon beau-père
bricoleur	3
sportif	0

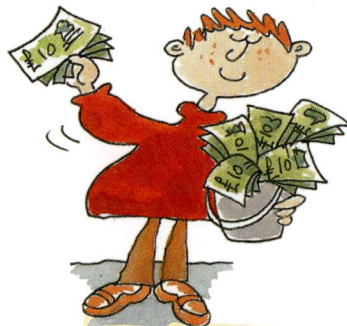

bricoleur sportif généreux travailleur
patient sympathique ennuyeux strict

0 = pas du tout
1 = pas très
2 = un peu
3 = assez
4 = très

b Pose des questions à ton/ta partenaire et prends des notes (ajoute une colonne à ta grille).

Exemple

Ton père est bricoleur?
Oui, il est très bricoleur. → 4

Il est sportif?
Non, il n'est pas du tout sportif. → 0

message 

Dans tes réponses, utilise «n'est. . . pas» avec 0–1 et «est» avec 2–4.

2 **a** Ecoute **1–8** et compare avec le paragraphe: vrai ou faux?

Ma belle-mère s'appelle Nicole. Elle est quelquefois stricte, mais elle est sympathique et assez patiente. Elle est généreuse avec moi et avec mon demi-frère. Elle est très travailleuse, mais elle n'est pas du tout sportive et elle n'est pas très bricoleuse. Elle aime beaucoup le cinéma et la musique: elle n'est pas ennuyeuse!

b Relis le paragraphe. Les adjectifs sont différents de l'activité 1: pourquoi?

c Pratique la lecture à l'aide de la cassette.

3 Fais une grille avec les huit adjectifs p 136.

masculin	féminin
travailleur	travailleuse

grammaire **X**

Les adjectifs féminins

- Read *grammaire* X p79 again to refresh your memory.
- You have just discovered more about adjectives:
  – adjectives ending in ***-eur*** or ***-eux*** in the masculine end in ***-euse*** in the feminine.
  – adjectives ending in ***-if*** in the masculine end in ***-ive*** in the feminine.

4 **a** Ecoute les adjectifs → dis «masculin», «féminin» ou «les deux» (both).

b Ecoute les adjectifs féminins → dis le masculin.

c Ecoute les adjectifs masculins → dis le féminin.

5 Lis le paragraphe et compare avec le paragraphe p 136.
Tu préfères Nicole ou Alain? Pourquoi? Ecris une ou deux phrases.

Exemple

Je préfère . . . parce qu'. . .

Mon père s'appelle Alain. Il est sympathique et assez sportif, et il est rarement ennuyeux. Par exemple, il va souvent au centre sportif et il aime aussi courir dans le parc. Le jogging, c'est sa passion! Il n'est pas souvent généreux, et il oublie souvent les anniversaires dans la famille. Mais c'est aussi parce qu'il travaille beaucoup: il n'est pas souvent à la maison. Il n'est pas très strict, mais il n'est pas du tout patient, par exemple avec moi ou avec mon chien. Il est très bricoleur, et le week-end il travaille beaucoup dans le garage avec mon demi-frère. Par exemple, ils font des étagères ou des placards pour la maison. Le résultat? La maison n'est pas assez grande!

6 **a** Complète la feuille 2A à l'aide de la cassette.

b Comparez à deux.

7 Ecoute **1–8** et, pour chaque numéro, décris la personne à l'aide d'un adjectif.

8 **a** Décris une personne masculine par écrit.

b Décris une personne féminine oralement, si possible sans (without) notes.

Ma mère n'est pas très patiente. . .

14

Tu rentres à quelle heure?

Learning objectives

Making plans for going out and coming home (transport and time)
Asking others about their plans
Using possessives: *son/sa/ses*
Recycling language to write a longer dialogue

1 **a** Regarde et écoute la BD.

b Traduis **1–8** à l'aide de la BD et de *message X*.

1 en ville	**3** partir	**5** à pied	**7** en autobus
2 rester	**4** rentrer	**6** en vélo	**8** en voiture

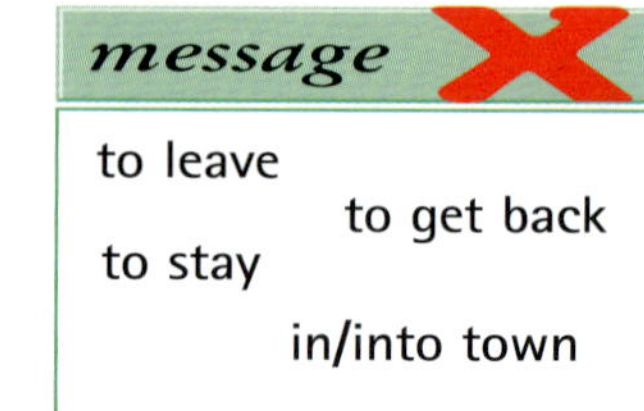

c Ecoute les questions **1–8** et choisis les réponses **a–h** à l'aide de la BD.

a Elle veut partir en autobus.
b Non: avec son père.
c Non, parce qu'il a un vélo.
d Non, avec un copain.
e Parce que partir à pied, c'est trop lent.
f Oui, cet après-midi.
g Non, elle préfère rentrer à 6h30.
h En ville. . . peut-être au cinéma, je ne sais pas.

 Préparez quatre cartes → jouez à deux, à tour de rôle.
Exemple

A: 

B: Tu rentres à la maison à pied aujourd'hui?
A: Non, je rentre à la maison en vélo.

Une réponse exacte = un point.

 **a** Complète la traduction de *his/her* à l'aide des phrases **1–5**.

My = **mon/ma/mes** Your = **ton/ta/tes** His/her = **?/?/?**

1 Tu veux rentrer en voiture ou en vélo?
2 Valérie part souvent au collège en autobus avec sa mère.
3 Magalie peut rester chez son copain cet après-midi?
4 Karim peut aller à Paris en autobus avec ses frères.
5 Je voudrais partir à 10h00 avec mon copain et sa mère.

grammaire

My. . . Your. . . His/Her. . .

Vérifie la traduction de *his/her* à l'aide d'*AnneXe* p 54 et lis les explications (explanations).

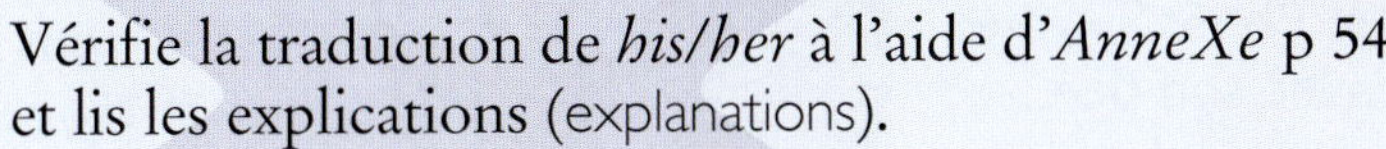

b Invente 5 phrases minimum à l'aide des phrases **1–5**.
Méthode: change les mots soulignés (underlined).

c Fais la feuille 2B.

4 *Challenge*

a A deux, inventez un dialogue plus long pour la BD.

b Jouez le dialogue à deux.

Sylvine, tu restes à la maison aujourd'hui, oui ou non? Parce que je peux rester avec toi. On peut jouer au Monopoly, par exemple, ou on peut faire des glaces. . .

message

Keep the same story-line, but use other words in order to make the dialogue sound more natural. Flick through *AnneXe* pp 4–31 to remind yourself of all the things you have learnt to say this year.

14

Petits problèmes. . .

Learning objectives

These two pages will show you how much you can already understand, say and write thanks to *Formule X* Book 1. Have fun!

Sylvine et Luc

1 Lis **A–D** et choisis ton scénario préféré.

A

C'est dimanche soir. Il est 7h15 et Sylvine est toute seule en ville, derrière le cinéma. Elle ne peut pas rentrer en autobus parce qu'il n'y a pas d'autobus le dimanche soir. Son père trouve une solution: il peut aller en ville en vélo et rentrer avec Sylvine sur son vélo: Sylvine n'est pas d'accord!

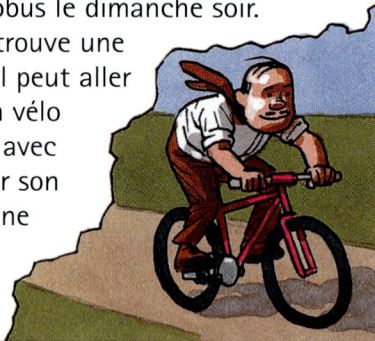

B

C'est la nuit et Sylvine est en ville avec Luc. Elle est derrière le cinéma, mais elle ne peut pas rentrer à la maison parce que son père n'est pas au rendez-vous. Elle ne peut pas rentrer avec Luc parce qu'il a son vélo. Sylvine trouve une solution: aller chez sa grand-mère parce qu'elle a une voiture.

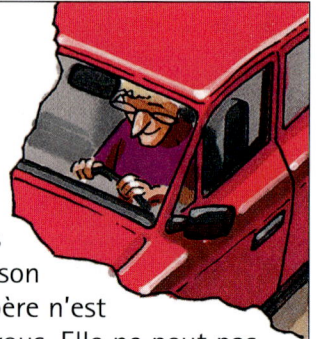

C

C'est dimanche et il est 6h45. Sylvine est devant le cinéma avec son père, mais il a un problème avec sa voiture. Elle peut rentrer en autobus, mais son père est avec la voiture et elle ne veut pas rentrer toute seule. Sylvine ne peut pas rentrer avec sa grand-mère parce qu'elle sort le samedi soir. La mère de Sylvine trouve une solution: Sylvine peut rentrer à pied.

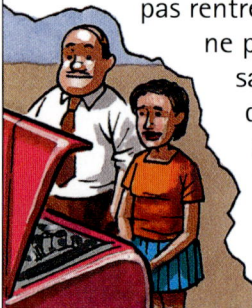

D

C'est samedi soir. Il est 7h15. Le père de Sylvine ne peut pas aller en ville parce qu'il travaille. La mère de Sylvine aussi a un problème parce que sa voiture est au garage. Les parents de Sylvine trouvent une solution: Sylvine peut aller chez sa grand-mère parce qu'elle habite à cinq minutes du cinéma: elle peut rester chez sa grand-mère toute la nuit.

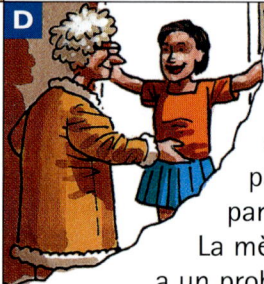

2 Les scénarios **A–D** ont des détails vrais et faux! Ecoute la conversation entre Sylvine et sa mère.

Objectifs:

– identifier les détails vrais
– comparer en groupe (discussion)
– écrire un scénario 100% exact.

- You may need to listen to the conversation several times, with pauses.
- Cassette: *argent* = money

Frank et Alice

3 Frank a rendez-vous avec sa copine Alice, mais il est pessimiste.
Il imagine des problèmes. . .
Pour chaque problème, donne ton opinion.

1 = bof, ça va! **2** = un petit problème. . . **3** = oh. . . zut! **4** = un désastre!

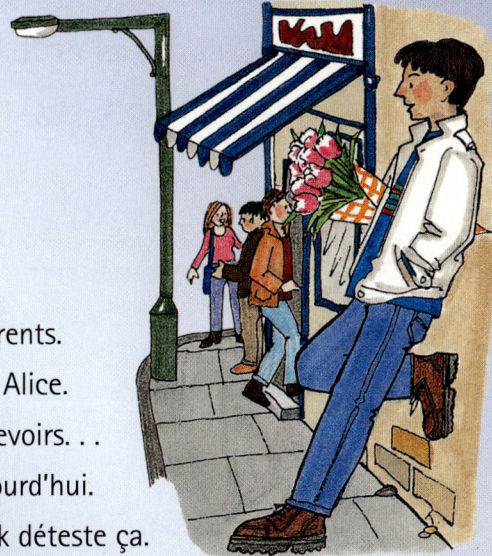

a Alice oublie le rendez-vous.
b Alice invite aussi trois copains.
c Alice arrive avec son petit frère.
d Alice n'a pas beaucoup d'argent.
e Frank n'a pas beaucoup d'argent.
f Alice est au rendez-vous avec ses parents.
g Frank veut aller au cinéma, mais pas Alice.
h Alice est très fatiguée: le sport, les devoirs. . .
i Alice n'est pas très sympathique aujourd'hui.
j Alice adore le shopping. . . mais Frank déteste ça.
k C'est l'anniversaire d'Alice, mais Frank n'a pas de cadeau.
l Alice préfère rentrer et regarder un film à la télé avec Frank.

Ecoute Alice (**1–8**). Pour chaque numéro, trouve le problème (**a–l**, activité 3).

Exemple

 1 Salut, Frank! Voilà Olivier, Max et Philippe!
1b

Refuser une invitation, c'est quelquefois difficile!
En groupe, inventez un maximum d'excuses → faites un poster-graffiti.

Je peux inviter mon petit frère?
D'accord, mais on va au cinéma: il y a Bambi!

14 ...reinforcement...recycling...extension

Learning objectives

Pronunciation: *-oi-*
Looking up the feminine of adjectives
Present tense of *partir*
Roundup of verbs of movement (*rester, aller, partir, sortir, rentrer***)**

1 Les adjectifs féminins et le dictionnaire

a Fais une grille (adjectifs **1–10**) à l'aide d'un dictionnaire.
Exemple

Masculin	Féminin	Traduction
1 paresseux	*paresseuse*	*lazy*

1 paresseux
2 jeune
3 curieux
4 courageux
5 orgueilleux
6 jaloux
7 cultivé
8 prudent
9 imaginatif
10 inventif

b Ecris un poème avec des adjectifs. Utilise le masculin singulier ou le féminin singulier.
Exemple
J'ai un lapin très curieux
J'ai une sœur très bricoleuse
J'ai. . .

message 

- Remember that in the feminine. . .
  – adjectives ending in *-e* (*timide, féroce. . .*) stay the same (*timide, féroce*), but. . .
  – many other adjectives (*amusant, patient. . .*) take an *-e* (*amusante, patiente*).
- Have you forgotten the feminine of some adjectives? Use your dictionary!

généreux ADJECTIVE
(FEM SING **généreuse**)
generous

sportif ADJECTIVE
(FEM SING **sportive**)
see also **sportif** NOUN
1 *sporty* ◇ *Elle est très sportive.* She's very sporty.
2 *sports* ◇ *un club sportif* a sports club

- Some dictionaries use a slightly different style.

généreux, euse [ʒenerø, -øz] *adj* generous

- If you can't find the adjective you're looking for, it may be that it is listed under another entry so look out for words with similar spellings.

ennui [ɑ̃nɥi] *nm* (*lassitude*) boredom; (*difficulté*) trouble *no pl*; **avoir des ~s** to have problems; **ennuyer** *vt* to bother; (*lasser*) to bore; **s'ennuyer** *vi* to be bored; **s'ennuyer de** (*regretter*) to miss; **ennuyeux, euse** *adj* boring, tedious; annoying ← *adjectif*

2 Prononciation

Pratique à l'aide de la cassette.

-oi-	
moi	soir
toi	boire
trois	tiroir
voilà	devoirs
oiseau	histoire
poisson	voiture
toilettes	pourquoi

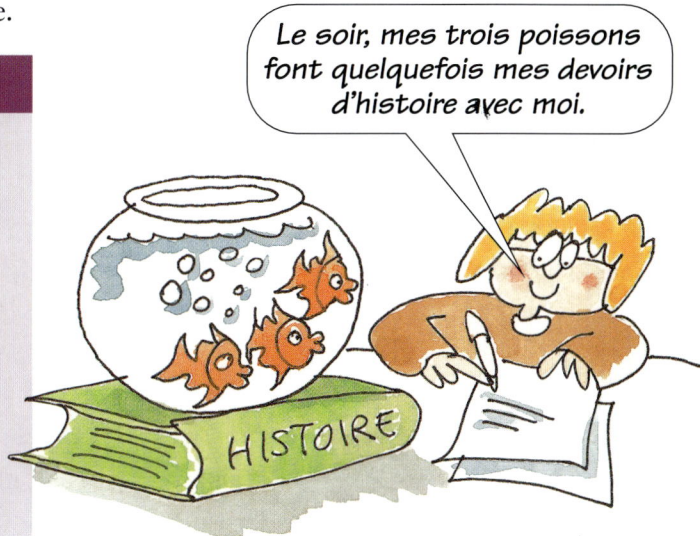

Le soir, mes trois poissons font quelquefois mes devoirs d'histoire avec moi.
HISTOIRE

grammaire

Les verbes

- You already know *sortir* (to go out). The verb *partir* (to leave) is very similar!

Papa! Je sors cet après-midi. Je pars à 2h00.

A toi!

a Ecoute et répète.

je pars	nous partons
tu pars	vous partez
il part	ils partent
elle part	elles partent
on part	

- Be careful! Don't get the verbs mixed up!

b Recopie les paires.

aller, to go out, to stay, to leave, rester, sortir, partir, rentrer, to get back, to go

Tu rentres ou tu sors?

- And be careful!...
  You can't put a place name after *sortir*. If you do use a place name, use *aller* instead:

Tu sors le dimanche?	Do you go out on Sundays?
Le dimanche? Oui, je vais au parc.	On Sundays? Yes, I go (out) to the park.

Info 1

Les villes en France

- Trois Français sur quatre (= 75%) habitent dans une ville de plus de 2 000 habitants.
- Une petite ville = 20 000 habitants ou moins.
- Une ville moyenne = 20 000 à 400 000 habitants.
- Une grande ville = plus de 400 000 habitants.
- Nombre de grandes villes en France: voir la carte p 24.

Info 2

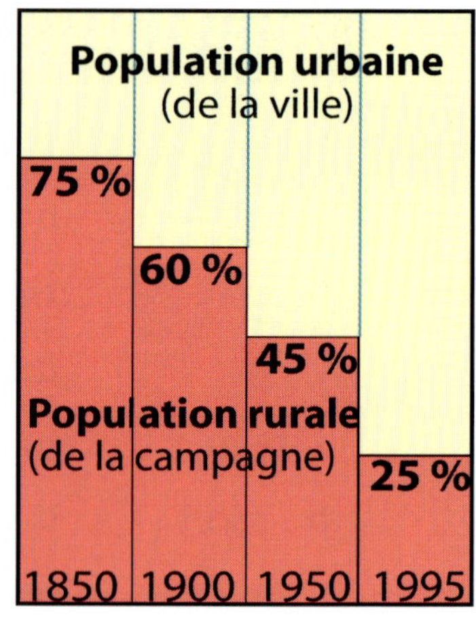

Aujourd'hui, seulement 10 familles rurales sur 100 vivent de l'agriculture.

Quiz-géo

1. Les océans = **a)** 1/4; **b)** 1/2; **c)** 3/4 de la planète.
2. L'océan **a)** pacifique; **b)** indien; **c)** atlantique couvre 1/4 de la planète.
3. La Manche = **a)** the Channel Tunnel; **b)** the Irish Sea; **c)** the English Channel.
4. La Mer méditerranée touche la France: oui / non.
5. Trouve l'intrus: **a)** les Pyrénées; **b)** La Seine; **c)** la Loire; **d)** Le Rhône.
6. La France touche le Portugal: oui / non.
7. La France est: **a)** un octagone; **b)** un hexagone; **c)** un triangle.
8. La Normandie, la Bretagne et la Provence sont: **a)** des régions; **b)** des villes; **c)** des rivières.
9. La distance Inverness–Brighton est **a)** supérieure; **b)** inférieure à Calais–Marseille.
10. Bayeux est une ville: **a)** en Normandie; **b)** en Bretagne; **c)** en Provence.

Carte

Régions de France	Activités	Ouverture sur l'Europe
Paris et l'Ile de France	Paris : capitale politique, économique et culturelle.	Capitale reliée au monde par deux aéroports internationaux.
le grand Bassin parisien	Une des plus riches régions de l'Union européenne.	Axes de communication centrés sur Paris.
l'Ouest	Importance des activités agricoles et du tourisme.	À l'écart des grands axes de circulation européens, malgré l'amélioration des transports.
le Sud-ouest	Développement des universités et des industries de haute technologie.	À l'écart des grands axes de circulation européens, malgré l'amélioration des transports.
le Sud méditerranéen	Agriculture spécialisée (fruits, fleurs), tourisme et haute technologie.	Régions côtières bien reliées aux pays méditerranéens de l'U.E.
le Centre-est	Une économie variée : élevage, industrie, tourisme.	La vallée du Rhône met en relation les pays européens du Nord et du Sud.
le Nord et l'Est	Réorientation des activités après la crise des industries anciennes.	Aménagements des transports pour que les régions deviennent des carrefours européens.

Septembre 1998, région parisienne – Une personne avec une voiture stationnée illégalement dans un emplacement réservé aux handicapés refuse de changer de place.
Résultat: 12 mois de prison.

Poème

Sincère. . . honnête. . .
Généreux. . . courageux. . .
Patient. . . prudent. . .
Responsable. . . agréable. . .
Travailleur. . . bricoleur. . .
Sympathique. . . dynamique. . .
Pffff!
C'est difficile d'être parfait!

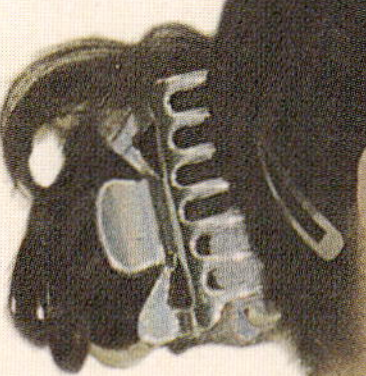

Sincère. . . honnête. . .
Généreuse. . . courageuse. . .
Patiente. . . prudente. . .
Responsable. . . agréable. . .
Travailleuse. . . bricoleuse. . .
Sympathique. . . dynamique. . .
Pffff!
C'est difficile d'être parfaite!

Fleur-nombres

Ask your teacher for Unit 2, sheet 4.

- Découpe  les pétales → recopie les nombres 1–12 sur (on) les pétales.

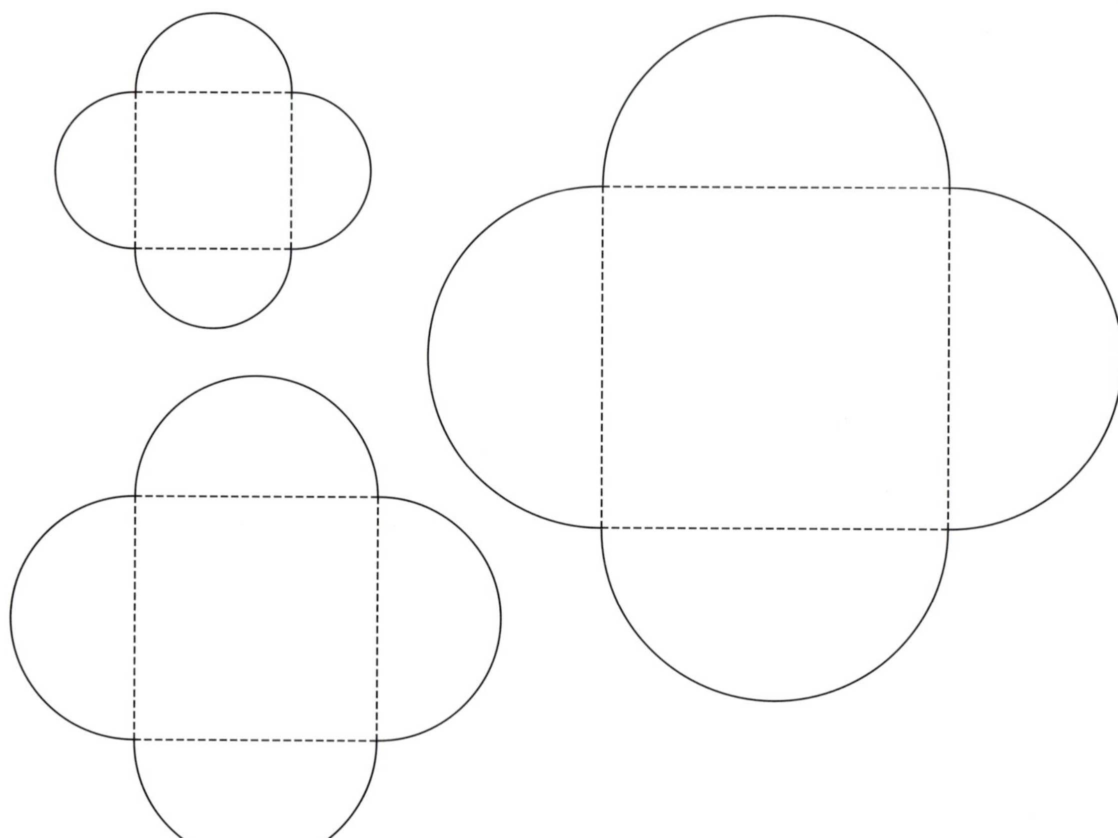

- Agrafe 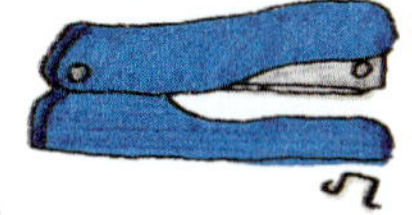 la fleur.

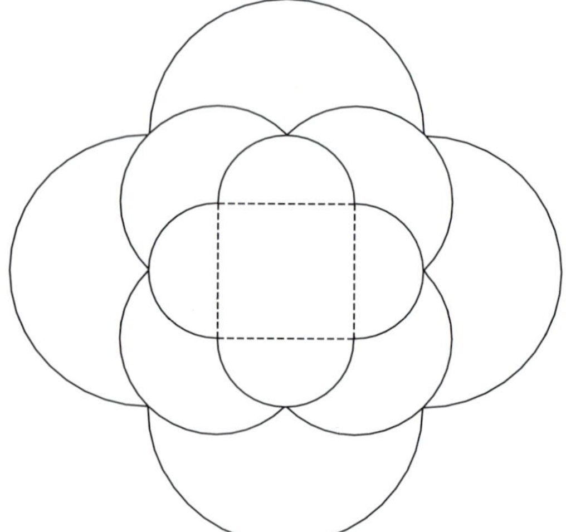

- Plie (fold) les pétales.

- Et… décore la classe!

Unités 1–2

Départ!

1. Epèle **Irlande.**
2. Plus trois cases.
3. Compte de **1** à **10**.
4. Dis l'alphabet de **a** à **f.**
5. Tu as quel âge?
6. Epèle **France.**
7. Compte de **10** à **1.**
8. Moins deux cases.
9. Sept plus huit =?
10. Epèle **pays de Galles.**
11. Plus quatre cases.
12. Seize moins dix =?
13. Compte de **10** à **20.**
14. Ça va?
15. Dis l'alphabet de **m** à **r.**
16. Moins quatre cases.
17. Compte de **6** à **1.**
18. Epèle **Ecosse.**
19. Tu t'appelles comment?
20. Plus deux cases.
21. Cinq plus quinze =?
22. Dis l'alphabet de **g** à **l.**
23. Quatorze moins dix =?
24. Tu habites où?
25. Compte de **10** à **3.**
26. Dis l'alphabet de **s** à **z.**
27. Epèle **Angleterre.**
28. Moins cinq cases.
29. Bravo!

épèle = spell　　case = space
dis = say　　compte = count

If you give a wrong answer, miss a turn!

C'est extraordinaire!

Trouve le message… ✌ = A ⚐ = O ☼ = R

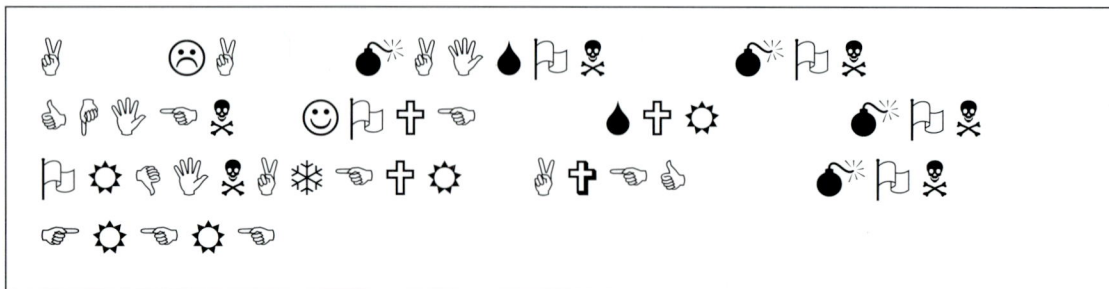

Puzzle alphabétique

Trouve des mots (words) de trois lettres ou plus.
Un mot = un point!

Exemple SAMMIXADE
mes
dix
six
mais
madame

You should be able to find three words at least in each series of letters.

1 ARCEPTSON

2 ZOUHPTONE

3 EHPAQNICO

4 LIAREFLES

5 PICROREGE

6 MERCIGLEV

7 CARNETYOI

8 FRANCEILD

Qu'est-ce que tu as?

3–5 joueurs.

Un dé  par groupe.

Jouez avec la liste M *ou* la liste F.

Jouez à tour de rôle avec le dé.

Objectif: obtenir la liste complète.

Liste M (objets masculins)

1 2 3 4

5

6

Liste F (objets féminins)

1

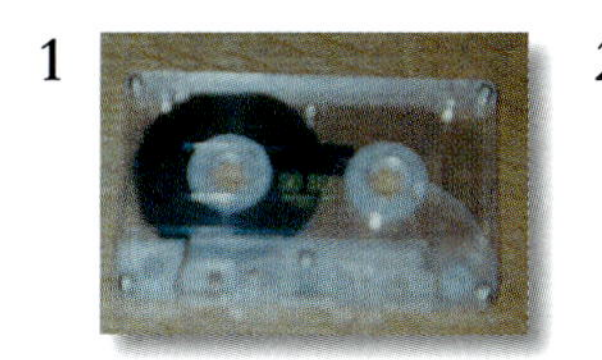

2

3

4

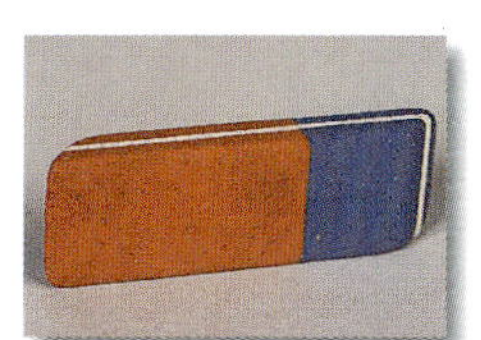

5

6

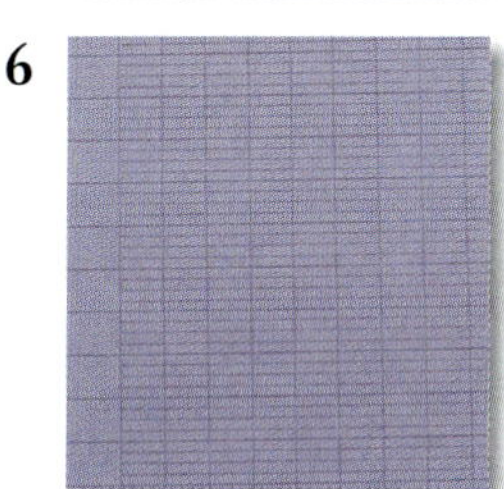

Make a note of each new object you obtain.
Each time you play, you must say the full list of objects obtained so far.
If you throw the dice and already have the object in question, repeat what you already have all the same.

un stylo
un cahier
Six. J'ai un stylo, un cahier et... un livre.

Unités 3–4

Mystère . . .

Trouve la lettre.

Je suis dans SAMEDI, mais pas dans JEUDI.
Je suis dans MARDI, mais pas dans VENDREDI.
Je suis dans DIMANCHE, mais pas dans LUNDI.
Je suis dans MARDI et dans MERCREDI.

dans = in   pas = not

Je suis dans JANVIER, mais pas dans MARS.
Je suis dans JUILLET, mais pas dans NOVEMBRE.
Je suis dans AVRIL, mais pas dans AOUT.
Je suis dans FEVRIER.

Jeux de mémoire

Regarde 10 secondes → Cache et attends (wait) 10 secondes → Réponds.

juillet – septembre – février – juin – mars – décembre → Trouve le mot absent: décembre – septembre – juin – juillet – mars

→ Trouve l'animal supplémentaire:
un oiseau
un chien
une tortue
un poisson
une souris
un chat
un lapin

le français – l'anglais – la musique – l'histoire – le dessin → Trouve le mot absent et le mot supplémentaire: la musique – le français – les maths – le dessin – l'histoire

A toi!
Invente des jeux de mémoire.

La bataille navale

Jouez à deux.

Fais une grille avec des lettres et des nombres (choisis la dimension avec ton/ta partenaire).

En secret, recopiez 6–12 mots (words) en commun.

MAI – MARS – JUIN – AVRIL – OCTOBRE – SEPTEMBRE

MATHS – SPORT – DESSIN – MUSIQUE – SCIENCES – INFORMATIQUE

La bataille navale = battleships

If your partner misses, say *raté* (missed).
If your partner comes across a letter, say *touché* (= hit).
If your partner completes a word, say *coulé* (= sunk).

Unités 5–6

J'ai le total!

Trouve le total à l'aide des six nombres.

Exemple
49 vingt – dix – quarante – cinq – un – deux

deux fois vingt = quarante
quarante plus dix = cinquante
cinquante moins un = quarante-neuf (49!!!)

plus = plus
moins = minus
fois = times

32 cinq – dix – douze – deux – un – quatre
43 sept – neuf – dix – quinze – cinq – deux
24 huit – douze – cinquante – six – quarante – dix
36 trois – cinq – dix – quatre – neuf – vingt
15 quarante – neuf – deux – trois – onze – trente
57 huit – quinze – soixante – deux – dix – sept

La pyramide des heures

Deux joueurs ou plus – Un dé  Jouez à tour de rôle.

- Choisis une heure dans la grille.

Exemple Deux heures quarante!

- Lance le dé. 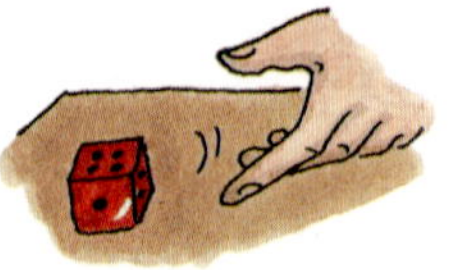

- Tu gagnes? Un point!
  Objectif final: 10 points.

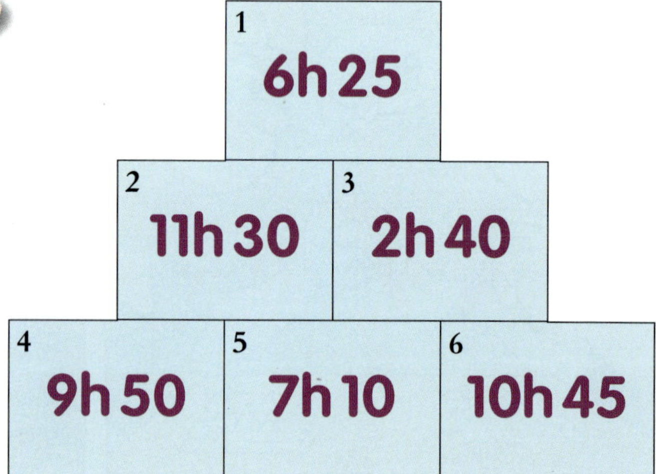

Le jeu des sept familles

3 – 5 joueurs – Un paquet de cartes (Unité 8, feuille 5)

Parlez 100% français!

Exemple Tara! Dans la classe, je voudrais le magnétophone.

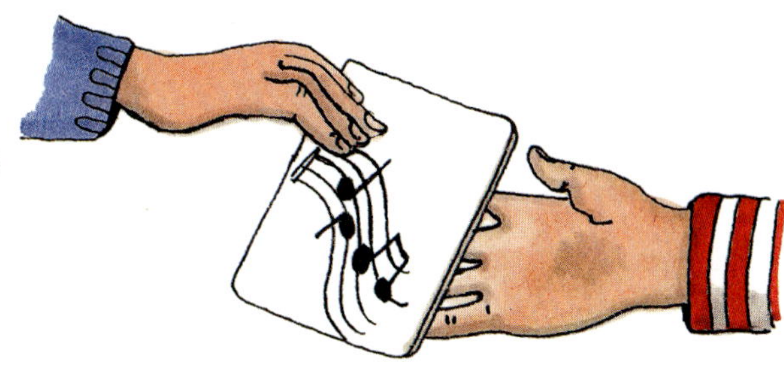

Le jeu des sept familles = Happy families

Les loisirs
la télé
le sport
la danse
la lecture
la musique

L'heure
3h10
6h20
7h30
8h40
10h50

La salle 10
la craie
la chaise
la brosse
l'ordinateur
le magnétophone

Les animaux
le chat
le lapin
le chien
l'oiseau
la tortue

Le sac
la règle
le stylo
la feuille
le crayon
la gomme

Le collège
l'histoire
le dessin
les maths
le français
les sciences

La géographie
l'Irlande
l'Ecosse
la France
l'Angleterre
le pays de Galles

Des lettres et des mots

Un(e) juge + 3–5 joueurs
Unité 10, feuille 3 (pour le/la juge)

- Le/la juge choisit et montre une carte
- → Ecris un maximum de mots (1mn). Un mot correct = un point.
- Le jeu (game) continue avec une carte différente. Objectif: obtenir un maximum de points.

- The letters printed on the judge's card must appear together, and in that order, in the words you choose.
- For **double consonne**, choose any words that contain double consonants (such as **-ss-**, **-ll-**, **-pp-**, etc).

Exemple

Instantané

Un(e) juge + 3–5 joueurs.

- Le/la juge choisit un nombre.
- → Dis un mot avec ce (this) nombre de lettres le plus vite possible.

  La première (first) réponse exacte = un point.
- Le/la juge continue avec des nombres différents. Objectif: obtenir un maximum de points.

If you use nouns, they must be in the singular:

livre ✔ livres ✘

If you use adjectives, they must be in the masculine singular:

drôle ✔ drôles ✘

C'est où, l'arrivée?

1. Lecture: **le** ou **la**?
2. Tu apprends un poème (▶▶) 2 cases
3. Jeudi, mercredi, mardi, _?
4. Cinéma: **le** ou **la**?
5. Tu n'écoutes pas le professeur (◀◀) 4 cases
6. Tu fais bien les devoirs (▶▶) 3 cases
7. Tu as dix sur dix (▶▶) cases
8. Quinze, quatorze, treize, _?
9. Famille: **le** ou **la**?
10. Tu n'as pas ton stylo (◀◀) 2 cases
11. Vingt, quinze, dix, _?
12. Sport: **le** ou **la**?
13. Tu décores la classe (▶▶) 2 cases
14. Tu vas aux toilettes (◀◀) 3 cases
15. Mai, juin, juillet, _?
16. Tu réponds bien en classe (▶▶) 4 cases
17. Tu ne comprends pas (◀◀) 2 cases
18. Tu écris un poème super (▶▶) 2 cases
19. Tu oublies tes devoirs (◀◀) 4 cases
20. Télévision: **le** ou **la**?
21. Tu finis vite l'exercice (▶▶) 2 cases
22. Tu aides tes copains (▶▶) 3 cases
23. Lundi, mercredi, vendredi, _?
24. C'est lundi et tu oublies le collège (◀◀) 4 cases
25. Musique: **le** ou **la**?
26. Tu as deux sur dix (◀◀) 3 cases
27. Octobre, septembre, août, _?
28. Tu arrives à 10h! (◀◀) 3 cases
29. Arrivée

Cache-cache

- Fais cinq *petits* dessins (une souris; un livre; un jeu vidéo; deux stylos; deux CD)

→ découpe tes dessins:

- En secret, place tes cinq dessins sur le grand dessin.
- Jouez à deux. Objectif: trouver les objets de ton adversaire à l'aide de questions oui/non.

Exemple

Tes CD sont sous la table?

Non.

Ils sont . . . ?

Ta souris est...?
Ton livre est...?
Ton jeu vidéo est...?
Tes stylos sont...
Tes CD sont...?

La roulette

2–4 joueurs – Un dé par groupe – Un pion par personne

Jouez à tour de rôle, à deux ou plus.

Chaque (each) joueur commence avec 50 points.

- Place ton pion sur une case et dis la phrase.

Exemple

Je vais au bowling.

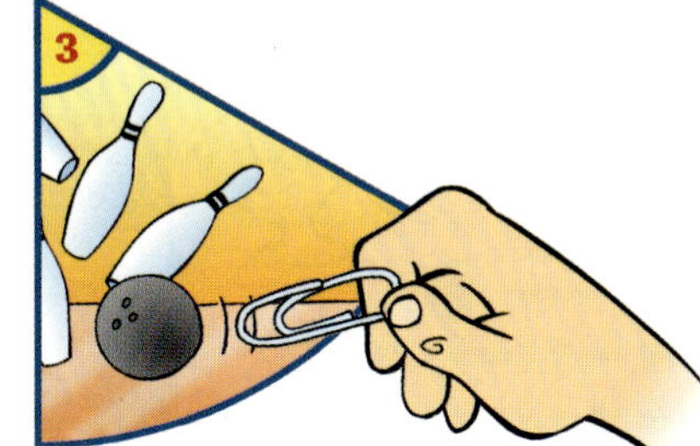

- Lance le dé.

Exemple

- Tu gagnes? + 2 points
  Non? – 1 point

  Objectif:
  un maximum
  de points.

C'est moi!

Qui es-tu? … Qu'est-ce que tu aimes? … Qu'est-ce que tu n'aimes pas? …

Fais un blason (coat of arms) et écris un message personnalisé.

Think of all the topics you can now write about in French. Use *AnneXe* if necessary.

Je m'appelle Zack et j'ai 12 ans. J'ai deux frères mais je n'ai pas de sœur. Mon chien s'appelle Fuss et mon hamster s'appelle Rambo. J'aime le cinéma et j'adore les jeux vidéo. Je n'aime pas danser et je déteste jouer au cricket et au rugby. Je suis drôle et bavard. Je voudrais habiter en Ecosse.

Dialogue-télé

Matériel: un extrait de programme-télé (plus ou moins 1 mn)

Use the TV extract with the sound turned down, to make up your own dialogue.

Objectif: tous ensemble (all together), inventer un dialogue basé sur l'extrait de programme-télé.

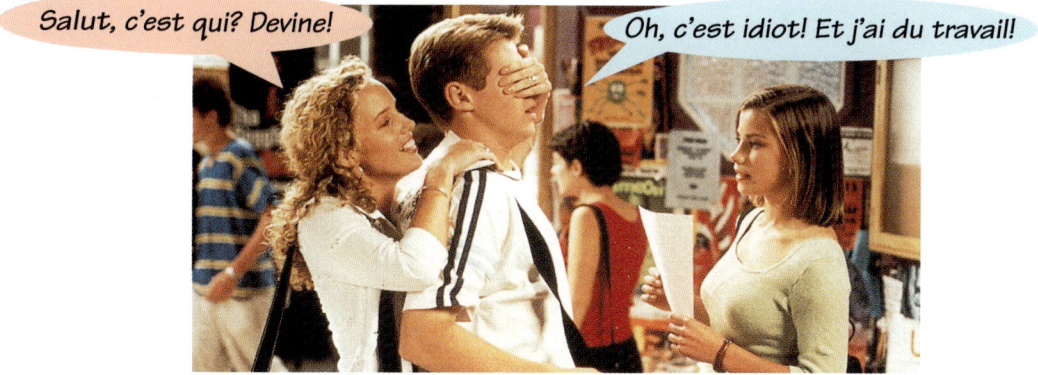

Salut, c'est qui? Devine!
Oh, c'est idiot! Et j'ai du travail!

Devine!

Qu'est-ce que c'est?

Une plantation de thé.

On sort?

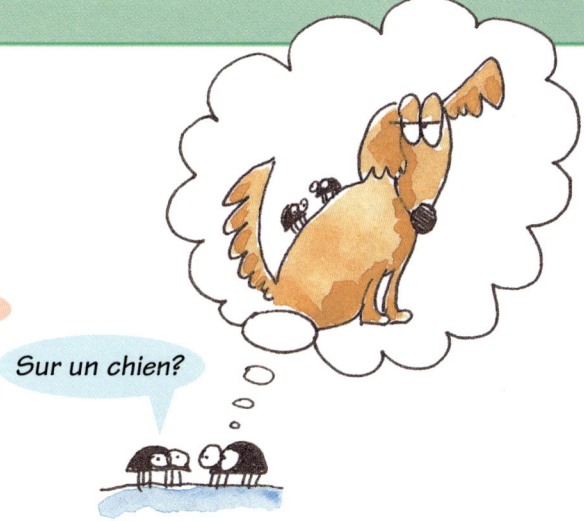

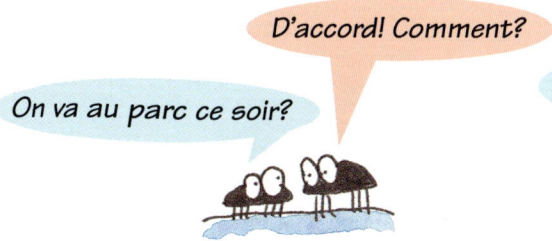

On va au parc ce soir?
D'accord! Comment?

Sur un chien?

Published by HarperCollins *Publishers* Limited
77–85 Fulham Palace Road
Hammersmith
London
W6 8JB

www.**Collins**Education.com
On-line support for schools and colleges

First published 2000
Reprinted 2000

ISBN 0–00–320267–4

Martine Pillette asserts the moral right to be identified as the author of this work.

British Library Catalogue in Publication Data
A catalogue record for this publication is available from the British Library.

Commissioned by Melanie Norcutt
Designed by Bob Vickers
Edited by Lisa Carden
Cover design by Blue Pig Design
Production by Sarah Bacon
Photo research by Charles Evans
Printed and bound in Hong Kong by Printing Express

Acknowledgements

The Author and Publishers would like to thank the following for their assistance during the writing and production of *Formule X* Book 1:

Bernard Dyer, Beal High School, Alison Edwards, Sue Hewer, Anne Maclennan, Mandy Margham, St Bedes RC High School and Kate Townshend, Moorside High School for assistance in the development of, and for commenting on, the manuscript.

We would also like to thank all schools who participated in the trialling of *Formule X* Book 1, and in particular Susan Chamberlain, Viewforth Academy, and Susan Merrall, Walton High School.

For their help with photographs for *Formule X* Book 1, we are particularly grateful to the staff and pupils of the Lycée Charles de Gaulle, London and Martin Sookias.

Realia

Text

p24 adaptation of 'Comment tombent les météorites?' and 'La fin d'une météorite' by Marie-Anne Kleber, from *Mon Quotidien* 19/9/98 (pp 1–3); p 25 adaptation of 'Et aussi' from *Mon Quotidien* 19/9/98 (p 5); p 44 adaptation of 'Et aussi' from *Mon Quotidien* 1/9/98 (p 5); p54 adaptation of '@près l'école est mieux qu'une maîtresse!' by Myriam Rembaut from *Mon Quotidien* 14/11/98 (p 7) p 114 adaptation of 'Flash (Cyclisme)' from *Mon Quotidien* 1/9/98 (p 5); p 114 adaptation of 'Course à Pied' from *Mon Quotidien* 6/4/99 (p 5); p 115 adaptation of Les notes 20/20 from *Mon Quotidien* 1/9/98 (p 4); p115 adaptation of 'Privés de football' from *Mon Quotidien* 6/4/99 (p 5).
(Si tu veux connaître *Mon Quotidien*, le quotidien d'actualité pour les 10–14 ans, appelle le 00 33 1 53 01 23 60 ou www.monquotidien.com et tu recevras gratuitement cinq numéros.)

pp 14, 24, 124, 144, 145 Nathan *Infopoche* no. 12 (*Géographie de la France*).

p 65 Les animaux du monde, from *Francoscopie 97*, p 191.

p 55 two women at the time of the French Revolution from *Atlas historique*, Hachette p198.

Illustrations

p 94 Captain Haddock, © Hergé
p 134 Popeye, © 1929 King Features
p 159 still from *Neighbours*, © Pearson TV

Photos

Bridgeman Art Library pp 8, 48
Collections p 74
Colorific p 130
Gamma pp 10, 11
Keith Gibson pp 14, 25, 28, 32, 40, 66, 130
Sally and Richard Greenhill p 101
Rex Features pp 8, 10, 11
Martin Sookias pp 6, 16, 60, 76, 82, 87, 88
Sygma pp 10, 17, 25
The Stock Market p 55
Telegraph Colour Library pp 56, 57, 115
Tony Stone Images pp 24, 25, 40, 48, 56, 57, 84, 100, 105, 106, 130, 137
Topham Picturepoint p 74
John Walmsley Photography pp 26, 28, 32, 40, 66

Illustrations

Belinda Evans (Sylvie Poggio Artists' Agency) pp 14, 17, 22, 30, 31, 36, 45, 46, 49, 50, 58, 90, 96, 103, 107, 117, 118, 130, 133, 141, 143, 146, 149, 152, 153, 156, 157
Nigel Kitching (Sylvie Poggio Artists' Agency) pp 6, 8, 12, 13, 26, 27, 32, 45, 59, 67, 68, 69, 70, 71, 73, 75, 80, 85, 86, 89, 92, 96, 105, 108, 109, 120, 121, 125, 128, 130, 137, 142, 149, 150, 151, 156, 157, 158
Paul McCaffrey (Sylvie Poggio Artists' Agency) pp 21, 35, 41, 43, 67, 70, 111, 135, 138, 139, 140
Phil Smith (Sylvie Poggio Artists' Agency) pp 6, 7, 19, 22, 30, 47, 62, 113, 116, 132, 141, 143

Every effort has been made to contact the holders of copyright material, but if any have been inadvertently overlooked, the Publishers will be pleased to make the necessary arrangements at the first opportunity.

Formule X is a new, exciting wide-ability French course, written to reflect the revised statutory requirements for the National Curriculum and the 5-14 guidelines.

Formule X provides a focused approach to:

Grammar
Objectives are clearly stated and are practised across all four skills, drawing on students' knowledge and understanding of English to aid comprehension.

Progression
Careful recycling of vocabulary and structures removes the barriers between topics and ensures a stronger foundation.

Motivation
Girls and boys remain on track through varied and lively materials, ensuring success into and beyond Y9/S2.

Practicality
Complete and tailored components meet the needs of students and make it easy for parents to support homework.

LEVEL 1 COMPONENTS

Student's Book	**000 320267 4**
Workbook	000 320268 2
Teacher's Book	000 320269 0
Copymasters and Assessment Pack	000 320270 4
Cassette Pack	000 320271 2
Flashcards	000 320272 0

COLLINS
www.CollinsEducation.com

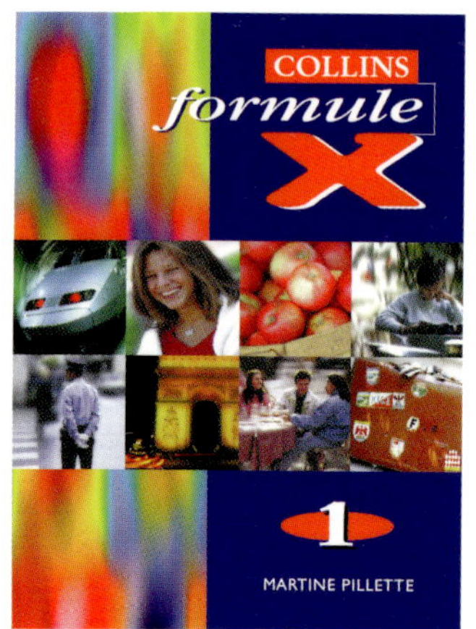

LEVEL 1 COMPONENTS

Student's Book	000 320267 4
Workbook	000 320268 2
Teacher's Book	000 320269 0
Copymasters and Assessment Pack	000 320270 4
Cassette Pack	000 320271 2
Flashcards	000 320272 0

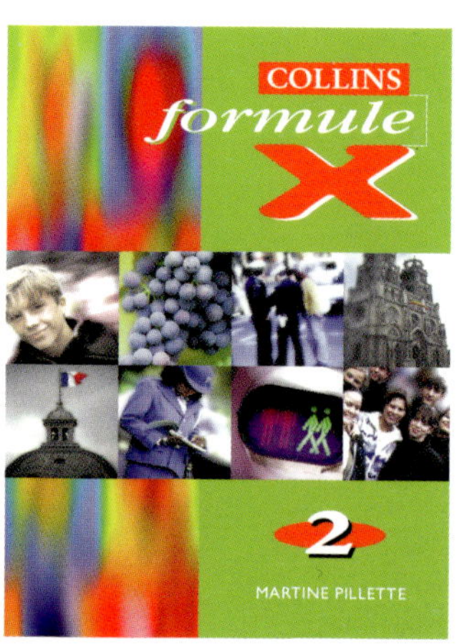

LEVEL 2 COMPONENTS

Student's Book	000 320273 9
Workbook Gold	000 320274 7
Workbook Platinum	000 320275 5
Teacher's Book	000 320276 3
Copymasters and Assessment Pack	000 320277 1
Cassette Pack	000 320278 X
Flashcards	000 320279 8

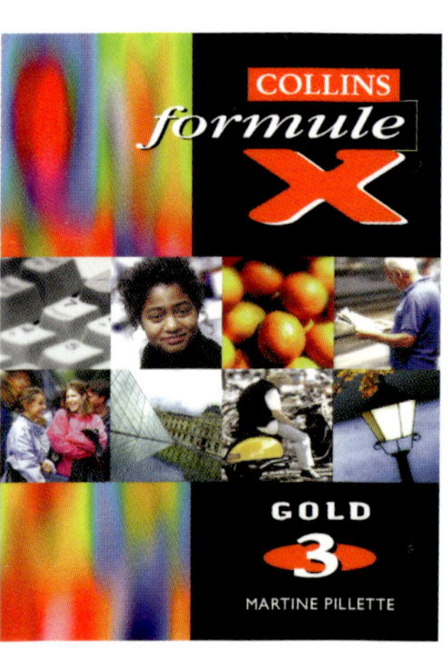

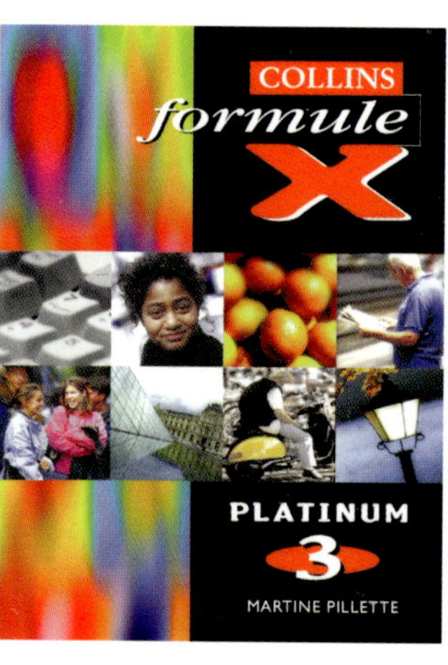

LEVEL 3 COMPONENTS

Student's Book Gold	000 320280 1
Student's Book Platinum	000 320281 X
Workbook Gold	000 320282 8
Workbook Platinum	000 320283 6
Teacher's Book Gold	000 320284 4
Teacher's Book Platinum	000 320285 2
Copymasters and Assessment Pack	000 320286 0
Cassette Pack	000 320287 9